Die Weine
aus Bordeaux

FALKEN   Vinum

Die Weine
aus Bordeaux

Rolf Bichsel

Eine Stadt, eine Farbe, ein Wein

Seit fast 2000 Jahren ist
Wein wichtigstes Exportgut
der Region von Bordeaux.

Seite 8

Der Weg zum Wein Ihrer Wünsche

Was die Bordeaux-
Gewächse so einzigartig
macht und wie die
Wahl nicht zur Qual wird.

Seite 14

Die Vielfalt der Bordeaux-Weine

Vom einfachen Bordeaux
über den herben Médoc
bis zum verführerischen
Saint-Emilion.

Seite 34

Die kulinarischen Hochzeiten

Von den kulinarischen Köstlichkeiten, die man zu Bordeaux-Weinen wählen wird.

Die schönsten Güter, die besten Weine

Ein Führer durch die Weinszene des Bordelais, von den renommiertesten Weinproduzenten bis zu den Geheimtipps.

Gut einkaufen, klug einkellern, richtig servieren

Eine praktische Anleitung, wo Sie die Weine Ihrer Wünsche am besten einkaufen und wie Sie damit umgehen.

Vom Original und seinen Kopien

Fast eine Milliarde Flaschen Wein produziert Bordeaux jährlich. Unvorstellbar, nicht wahr? Rechnen wir uns doch schnell einmal vor, was das ist, eine Milliarde! Zum Beispiel: Wenn jede Sekunde irgendwo auf der Welt nur eine einzige Flasche Bordeaux getrunken würde, reichte die Jahresproduktion des Bordeaux für dreißig Jahre. Aneinandergereiht ergäben die jährlich leer getrunkenen Rotweinflaschen aus der Gironde eine Kette, die dreimal rund um die Erde reichen würde.

Mehrere Faktoren haben diesen Erfolg möglich gemacht. Nennen wir zwei davon: Bordeaux besitzt ein Klima und Böden, die Weine von besonderer Textur und Ausgewogenheit ergeben, Weine, die einfach jedermann schmecken. Und Bordeaux besitzt ein über Jahrhunderte gewachsenes, gut organisiertes Verteilernetz, das dafür sorgt, dass diese Weine auch überall auf der Welt erhältlich sind.

Cabernet Sauvignon, Merlot und Cabernet Franc sind die wichtigsten roten Bordeaux-Sorten. Mittlerweile werden sie auf der ganzen Welt gepflanzt, natürlich in der Hoffnung, einen Tropfen zu erhalten, der einem großen Bordeaux gleicht, ja, ihn womöglich noch übertrifft. Einige dieser Bordeaux-Nachahmer feiern heute tatsächlich große Erfolge, werden kaum billiger gehandelt als die Hochgewächse aus der Gironde. Sie besitzen die charakteristischen Fruchtaromen der drei Bordeaux-Sorten, munden süß und voll. Die unnachahmliche Eleganz und Feinheit der Bordeaux aber erreichen sie nie.

Frank Mähler-Besse, Château Palmer

Eine Stadt, eine Farbe, ein Wein

In Bordeaux arbeitet jeder sechste Einwohner direkt oder indirekt für den Wein, den wichtigsten Einkommenszweig der Region. Der Wein gehört zu Bordeaux wie die Kuckucksuhr zum Schwarzwald. «Die großen Weine der Region sind das Blut, das uns leben, die vielen unbekannten kleinen Winzer aber sind das Mark, das uns vorwärtsstreben lässt», meint treffend ein Weinhändler der Stadt.

«Aquitanien... das ganze Land ist überladen von Reben, umgeben von fröhlichen Wiesen und bestellten Feldern... die Großbesitzer dieser Gegend scheinen weniger ein Stück Erde zu besitzen denn ein Abbild des Paradieses.»

Diese zwei Sätze würden weniger erstaunen, stammten sie aus der jüngsten Zeit. Denn präsentiert sich die Region rund um Bordeaux dem Überflieger nicht genau so, wie sie der Autor beschreibt, als ein Mosaik aus Wiesen, Äckern und Rebfeldern? Werden die Bewohner der Region nicht gerade um ihre «art de vivre», ihre Lebenskunst beneidet? Doch die bewussten zwei Sätze wurde von einem Geistlichen namens Salvien verfasst und sind gut anderthalb Jahrtausende alt. Geschichte ist allgegenwärtig in und um Bordeaux, so allgegenwärtig wie die viel zitierte Lebensfreude. In Bordeaux verläuft das Leben in noch weit ruhigeren Bahnen als im gehetzten Paris, im lärmigen Marseille oder im geschäftigen Lyon. Hier nimmt man sich noch Zeit zum Genießen, zum Dinieren, zum Flanieren.

Bordeaux ist mit rund einer Million Einwohner die wichtigste Stadt von Frankreichs Südwesten. Doch in ihrem Zentrum wirkt sie so verschlafen wie ein

Die ältesten Châteaux des Bordelais, bereits im 18. Jahrhundert gesucht und teuer:

Château Haut-Brion

Château Lafite

Château Latour

Château Margaux

Der Hafen von Bordeaux: während Jahrhunderten Umschlagsplatz für große Weine, die besonders nach England verschifft wurden. Heute sind die meisten der uralten Keller in Ufernähe leer. Der Handel hat sich in die Vororte verlagert, der Wein verlässt Bordeaux im Sattelschlepper.

mittleres Dorf. Der Rundgang wird durch die Quartiers (Stadtbezirke) Saint-Michel und Saint-Pierre führen mit ihren zahlreichen Zeugen aus dem Mittelalter, ins «goldene Dreieck» zwischen Place Gambetta und Place Tourny mit den prunkvollen Häuserfassaden aus dem 18. und 19. Jahrhundert und dem «Grand théatre», erbaut als Zeugnis nicht nur für den Reichtum, sondern auch die Kulturbeflissenheit und die Weltoffenheit der Bürger von Bordeaux. Und auf den Quais entlang der Garonne und im Quartier des Chartrons wird der Stadtwanderer endlich mit dem Grund für all diese Großzügigkeit, diesem (zugegebenermaßen heute etwas verblichenen) Glanz konfrontiert: mit dem Wein.

Bordeaux – eine Handelsstadt

Bordeaux ist eine Hafenstadt, auch wenn die Stadt fast 100 Kilometer vom Atlantik entfernt liegt, gut geschützt an einer halbmondförmigen Windung des Flusses Garonne. Diese besondere Lage begünstigte den Handel mit dem Wein, seit dem 4. Jahrhundert nach Christus der wichtigste Schatz der Region. Bordeaux war im 17. und 18. Jahrhundert einer der wichtigsten französischen Handelshäfen.

Bereits zur Römerzeit gehörten die Fassbauer der Stadt zu ihren bestbetuchten Einwohnern. Die englischen Könige, denen die Stadt während dreier Jahrhunderte gehörte, räumten den Bürgern allerhand Privilegien ein, nur damit sie nicht auf den «Aquitanischen Wein» verzichten mussten. Im 13. und 14. Jahrhundert, zu einer Zeit, als die Rebe überall in Europa noch ungeordnet und wie zufällig gepflanzt wucherte, manchmal als Ranke an Bäumen hochgezogen, waren die Rebgärten hier bereits so sauber und pfeilgerade gezogen, dass man sie bereits mit dem Pflug bestellen konnte.

Weil sich mit dem Handel von aquitanischem Wein rasch ein Vermögen verdienen ließ, zog die Stadt zu jeder Zeit Siedler von außerhalb an. Portugiesische Juden waren die Ersten, die sich vor den Toren der Stadt niederließen und dort nur darum geduldet wurden, weil sie für einen besseren Absatz der Weine der Bürger sorgten. Ihnen folgten Holländer, Deutsche, Engländer und Iren. Gemeinsam schufen sie ein neues Quartier, das einzig dem Handel mit Wein gewidmet war, mit Kellern, die direkt auf den Hafen gehen: das bereits erwähnte «Quartier des Chartrons». Dessen prunkvolle Häuserfronten können wir noch heute bestaunen, auch wenn der Weinhandel sich längst in die Industrie- und Gewerbezonen verlagert hat. Während hunderten von Jahren reiften in den oft kilometerlangen, wie Labyrinthe verschlungenen Kellern, in denen man sich leicht verlaufen konnte, die Weine der vielen großen und kleinen Châteaux und warteten darauf, auf die Quais gerollt und auf Segler verladen zu werden, die sie nach England, nach Deutschland oder Holland oder nach den Kolonien verfrachteten.

Bordeaux zeigte sich über Jahrhunderte besonders tolerant gegenüber den Händlern aus der ganzen Welt. So unterstützte die Stadt aktiv den Aufbau eines beispielhaften – und beispielhaft dichten – weltweiten Verteilnetzes für seine Produkte, das trotz aller Veränderungen bis in die heutige Zeit existiert. Da brauchte

Etappen aus Bordeaux'
Geschichte:

4. Jh. n. Chr.: Der römische Dichter Ausone besingt den Weinbau in seiner Heimat Bordeaux.

14. Jh.: Gewaltige Mengen Bordelaiser Wein werden nach England verschifft.

1550: Bau eines Schlosses auf dem Weinberg des Jean de Pontac: das spätere Haut-Brion, das erste Weinchâteau von Bordeaux.

1663: In London macht ein Wein von sich reden, der laut einem Zeitgenossen «einen excellenten und eigenartigen Geschmack hatte» und viermal teurer war als alle anderen Weine: Sein Name ist Haut-Bryan (Haut-Brion).

1745: Ein Journalist aus Bordeaux erstellt eine Liste der besten Weine. Darauf verzeichnet sind bereits viele der heute weltbekannten Châteaux.

1855: Die besten Weine der Region werden nach ihrer Güte und ihrem Preis offiziell in fünf Gruppen eingeteilt, den «Crus classés», vom 1. bis zum 5. Cru.

Die spektakulärsten Weinchâteaux des Bordelais:

Château Haut-Brion:
das älteste

Château Cos d'Estournel:
das orientalischste

Château Pichon-Longueville:
das typischste

es nur noch eine geniale Idee und eine Portion gesundes Marketing, um die Weine aus Bordeaux endgültig in den Rang der größten Rebensäfte zu hissen.

Sie kam von einem Vertreter einer der großen Bordelaiser Dynastien, Arnaud de Pontac. Bereits sein Vorfahre Jean hatte einen Rebberg bepflanzen und in dessen Mitte ein Schloss errichten lassen – nicht etwa um es zu bewohnen, sondern als Statussymbol für den besonderen Wein, der hier gewonnen wurde. Arnaud verfeinerte die Methode und den Wein, indem er die am besten geeigneten Rebsorten anpflanzte und einen Rebensaft gewann, der im Gegensatz zu den sonst hellroten Bordeaux der damaligen Zeit von tief dunkler Farbe und ganz besonderem Geschmack war. Damit begründete er einen neuen Mythos: den Mythos vom adeligen, in einem fürstlichen Schloss abgefüllten Rebensaft, der auf keiner festlichen Tafel fehlen darf, dem Wein, zu dem sich Staatsmänner, Künstler und Denker bekennen, dem Wein, den man kostet und ergründet wie ein großes Kunstwerk, ein Gemälde von Rembrandt oder eine Sinfonie von Brahms.

Eine Stadt frisst ihre Reben

Das erste Weinchâteau der Welt kann man – zumindest von weitem, denn noch ist es für den Besucher geschlossen – besichtigen, wenn man auf einer der «Barrières» genannten Ausfahrtstraßen vom Stadtzentrum aus Richtung Pessac fährt. Hier liegt es, wie schon vor vierhundert Jahren, inmitten seines sanft gewölbten Rebbergs – Hügel wäre wohl der bessere Begriff – stolz und unnahbar. Doch stellt der heutige Besucher verwundert fest, dass der ehemalige Landsitz, weit außerhalb der Stadt gelegen, heute ganz umschlossen ist von Residenzquartieren, Tankstellen, Wohnsilos und Einkaufszentren. Das Weingebiet der

«Graves» de Bordeaux, mit dem die Bürger von Bordeaux einst ihren Reichtum begründeten, ist heute von der Urbanisation bedroht. Kaum ein halbes Dutzend Güter hat dem Zeitgeist Widerstand geleistet und keltert weiter Wein inmitten des lärmenden und pulsierenden Vorortverkehrs – darunter Haut-Brion und das benachbarte La Mission-Haut-Brion. Doch die meisten Güter der Graves – so genannt wegen ihrer stark kieshaltigen Böden – liegen heute weiter von der Stadtmitte entfernt bei Satellitengemeinden wie Léognan oder Martillac. Die Böden hier bieten ähnlich gute Bedingungen.

Reblandschaft im Haut-Médoc. Charakteristisch sind die Böden: Es handelt sich um Kuppen aus grobem Kies, vermischt mit Sand. Nur die Rebe gedeiht auf solch kargen Böden.

Hier kam es in der zweiten Hälfte des 17. Jahrhunderts zu einer regelrechten Anbauschlacht. Angespornt durch den Erfolg der de Pontacs wollte bald jeder Adlige oder gut betuchte Bürgersmann seinen eigenen Rebberg haben. Um die Pflanzungen unter Kontrolle zu halten, wurde der Anbau von Reben gar eine Zeitlang verboten. Der berühmte französische Philosoph Montesqieu machte sich für die Aufhebung dieses Verbotes stark. Jahrelang kämpfte er darum, hier Reben anzubauen – vergeblich. Das Verbot wurde erst kurz nach seinem Tod wieder aufgehoben.

Weil der Platz rund um Bordeaux bald zu knapp wurde, dehnten sich die Rebberge in Richtung Médoc aus, einem wilden, kaum besiedelten Landstrich zwischen der breiten, rund hundert Kilometer langen Mündung von Gironde und Dordogne und dem atlantischen Ozean. Die dichtere Besiedelung des Médoc wurde erst möglich, nachdem holländische Ingenieure mit einem ausgeklügelten System von Kanälen und Schleusen die zahlreichen Sümpfe trockengelegt hatten, aus denen die kargen Kieskuppen ragten, die heute die berühmtesten Rebberge der Welt tragen: Margaux, Lafite, Latour oder Mouton.

Der Weg zum Wein Ihrer Wünsche

Die großen Bordeaux lassen Weinfreunde in der ganzen Welt träumen und ihre Sammlungen exklusiver Flaschen horten wie einen kostbaren Schatz. Wie Sie sich im Mekka des Weins zurechtfinden, erfahren Sie auf den folgenden Seiten.

Für eine Wahl ohne Qual

Wer etwas finden will, muss wissen, was er sucht. Auf die Weine aus Bordeaux bezogen heißt das: sich zurechtfinden im großen Angebot, lernen, was die Qualität eines Bordeaux ausmacht, aber auch seinen eigenen Geschmack ergründen, seine Vorlieben bestimmen und seine Bedürfnisse erkennen.

Bordeaux gibt es buchstäblich für alle Gelegenheiten. Die nachfolgenden Angaben sollen Ihnen helfen, den richtigen Bordeaux für Ihren Geschmack zu finden.

Was die Güte eines Weins bestimmt

Grundsätzlich sind es vier Faktoren, die den Typ und die Güte eines Weines bestimmen:
1. die Rebsorte und deren Trauben,
2. das Klima und der Boden, die in der Weinsprache mit dem Begriff «Terroir» bezeichnet werden,
3. das Können von Winzer und Weinmacher,
4. die Eigenheiten eines Jahrgangs.

Alles in allem aber ist es zum guten Ende das Zusammenwirken all dieser Elemente.

Die nebenstehenden Symbole werden Sie durch diesen Band und die ganze Buchreihe Vinoteca führen. Über die Qualität der Weine informiert die Anzahl Sterne von ★ bis ★★★★★.

Die Summe der vier Faktoren ergibt die Weinqualität.

Traubensorte

Terroir

Winzer

Jahrgang

Weinqualität

Vier Fragen leiten die Weinwahl

Um «Ihren» Wein zu finden, sollten Sie Ihre Wünsche und Erwartungen nach folgenden Kriterien prüfen:

🍷🍸 Welches sind meine Vorlieben? Rot oder weiß? Sanft oder herb? Leicht oder schwer? Subtil oder wuchtig?

🍾 Ist der Wein zum sofortigen Trinken oder zum Lagern bestimmt?

🥢 Zu welcher Gelegenheit soll er passen? Zum einfachen, kalten Imbiss, zu alltäglichen Gerichten oder zum Festmahl?

❶–❺ Was ist mir das Vergnügen wert?

Mittels Ihrer Antworten und den entsprechenden Symbolen werden Sie in diesem kleinen Ratgeber zum Wein oder zu den Weinen Ihrer Wünsche geleitet.

Das Besondere an den Bordeaux-Weinen

Es gibt es eine ganze Palette von Bordeaux. Frische, nach Akazie und Honig duftende Weißweine. Edelsüße, vollmundige, ölig anmutende, weiße Spezialitäten. Spritzige Rosés und Crémants, wie man die nach Champagnermethode ausgebauten Sekte nennt. Seinen einmaligen Ruf verdankt Bordeaux aber seinen roten Gewächsen, vom einfachen, fruchtigen Alltagstropfen bis zum mächtigen, herben, kantigen Hochgewächs, das Jahrzehnte reifen muss. Geheimnis der Ausgewogenheit und ihres so unnachahmlichen, herb-fruchtigen Geschmacks: Ein Bordeaux ist fast immer eine gut abgestimmte Mischung mehrerer Traubensorten, von Trauben aus mehreren Parzellen, die, obwohl sie nah beieinander liegen, doch ganz unterschiedliche Weine ergeben.

Das Bordeaux-Angebot:
Flaschen von 5,– bis 500,– DM und mehr
Diese drei Flaschen repräsentieren die ganze Bandbreite des Bordeaux-Angebots. Ein einfacher, ehrlicher Wein ist für wenige Mark zu haben, für eine
berühmte Kreszenz dagegen blättern Sie gut und
gerne hundert oder hunderte von Mark auf den Tisch.

Beispiel eines Trinkweins:
Ein einfacher Bordeaux
oder Bordeaux supérieur,
fruchtig und bekömmlich.
Er passt zu Hausmannskost oder als Umtrunk.
Mehr dazu Seite 38.

❶ ab DM 5,– / € 2,50

Beispiel eines Lagerweins:
Die guten, zuverlässigen
Rot- und Weißweine des
Bordelais gehören in diese
Kategorie.
Sie werden zum Sonntagsbraten aufgetischt.
Mehr dazu Seite 42.

❸ ab DM 30,– / € 15,–

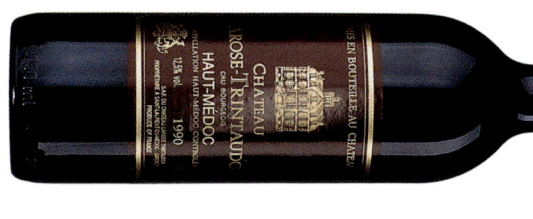

Beispiel eines Renommierweins:
Die weltbekannten Spitzengewächse, die Jahrzehnte
lagern können.
Zu reservieren für besondere Gelegenheiten.
Mehr dazu Seiten 42–49.

❺ ab DM 50,– / € 25,–

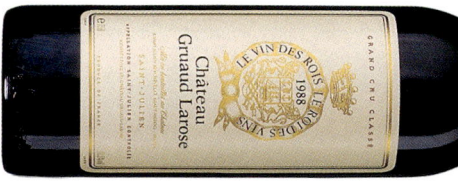

Die Bordeaux-Rotweinsorten

Es ist schon eigenartig: Herrscht auf der ganzen Welt ein Trend hin zu so genannten «Sortenweinen», Rebensäften, die aus einer einzigen, spezifischen Traubensorte gekeltert werden, deren Name nicht selten als Markenzeichen auf dem Etikett prangt, hält ausgerechnet die Region, die mit ihrer Nobelsorte Cabernet Sauvignon diesen Trend ausgelöst hat, an einer Politik der aus mehreren Sorten komponierten Weine fest. Sowohl rote als auch weiße Bordeaux bestehen also immer aus mehreren Traubensorten, die abhängig davon, auf welchem Bodentypus sie wachsen, ganz unterschiedliche Resultate ergeben.

Bekannteste Bordeaux-Sorte ist der Cabernet Sauvignon. Er wird mittlerweile nicht nur in der Gironde, sondern auf der ganzen Welt angebaut. Im Médoc und den Graves macht er bis zu 70 Prozent des Anteils des Rebsortenspiegels aus. In den Anbaugebieten des rechten Ufers von Gironde und Garonne spielt er nur die Rolle als Ergänzung zu Merlot und Cabernet Franc.

Cabernet Sauvignon und Merlot: die zwei Säulen

Bekannteste Bordeaux-Sorte ist der Cabernet Sauvignon. Er ist relativ krankheitsresistent und ergibt Trauben mit kleinen, dickhäutigen Beeren. Zu vollendeter Reife kommt er allerdings nur unter den besonderen Bedingungen des Médoc und der Graves. In den Spitzengewächsen dieser Gebiete kann er durchaus bis zu 70 Prozent des Rebsatzes ausmachen. Grundweine aus Cabernet Sauvignon besitzen eine extrem satte, dunkle Farbe und eine kräftige, herbe Textur und duften nach Cassis, Pfingstrose und Johannisbeere.

Der Merlot ist heute die meistangebaute rote Rebsorte der Gironde. Sie besetzt über 50 Prozent der gesamten Rotweinfläche. Er ist dem Cabernet Sauvignon sehr ähnlich, besitzt aber größere Beeren, ist etwas krankheitsanfälliger und kommt etwas früher zu voller Reife. Charakteristisch ist die volle, samtene Textur seiner Weine. Im Médoc bildet er die ideale Ergänzung zum Cabernet Sauvignon, mildert etwas dessen Härte und gibt den Weinen mehr Fülle. In den übrigen Gebieten ist er die wichtigste Traubensorte.

Der Cabernet Franc: der dritte im Bunde

Der Cabernet Franc ist eine Art Mischung der beiden vorgehenden Sorten. Im Médoc gibt er dem fertigen Wein mehr Aroma und Bouquet, in Saint-Emilion mehr Struktur und Komplexität. Lange vernachlässigt, feiert er heute seine Renaissance, ganz ähnlich wie der Petit Verdot, der fast ausschließlich im Médoc angepflanzt wird und unglaublich kräftige, harte Grundweine mit Biss ergibt, die aber hervorragend altern. Für sich allein ist er fast ungenießbar: Im Mischsatz mit Merlot, Cabernet Sauvignon und Cabernet Franc aber verleiht er den Weinen mehr Rasse und Glanz.

Der Malbec war einst die wichtigste Sorte des Libournais. Er ergibt einen etwas leichteren, fruchtigen und feingliedrigen Grundwein, der rasch zur Reife kommt. Er verschwindet heute mehr und mehr aus dem Rebsatz der Weine.

Der Petit Verdot ist eine alte und heikle Sorte, die vor allem im Médoc angebaut wird. Spät reifend, ergibt er nur in guten Jahren brauchbare Weine – dann aber von geradezu unglaublicher Kraft und Dichte. Er macht nur etwa 2 bis 5 Prozent des Rebsortenspiegels aus.

Die Kunst liegt in der richtigen Mischung:

Während Jahrhunderten haben die Weinmacher des Bordelais sich in der besten Mischung üben können, haben nach und nach herausgefunden, welche Sorten wo die besten Resultate erbrachten, bis sie im fertigen Wein eine vollendete Duft- und Geschmackssinfonie ergaben. Daher ist der Merlot (unten) heute in Pomerol, Saint-Emilion und Fronsac die wichtigste Rebsorte.

Die Bordeaux-Weißweinsorten

Der Bordeaux ist vor allem für seine Rotweine bekannt. Doch hat die Region immer auch trockene Weißweine produziert und die edelsüßen Weiße sind eine weltweit gesuchte Spezialität. Allerdings war die Qualität der trockenen weißen Bordeaux nicht immer über alle Zweifel erhaben. Anstrengungen hin zu einheitlicherer Sortenwahl zusammen mit einem stark erweiterten technischen Know-how haben in den Achtzigerjahren zu einer regelrechten Weißweinrevolution in Bordeaux geführt.

Semillon – die traditionelle, weiße Traube

Wichtigste Weißweinsorte der Gironde ist der Sémillion. Er ergibt ausgezeichnet reifende, herbe, besonders würzige, nach Honig und Kamille duftende, trockene Weißweine, aber auch edelsüße Weine großer Qualität. Doch der Sémillon ist weder ein Freund großer Erträge (dann geraten seine Weine rustikal) noch sehr krankheitsresistent. Zudem müssen Weine dieser Sorte immer reifen, um wirklich Genuss zu bringen.

Von der Sémillion zum Sauvignon

Mehr und mehr wird daher in der Gironde der Sauvignon angebaut. Dieser ist nicht nur weit pflegeleichter und ertragssicherer als der Sémillon, er sorgt auch für vollmundige, betörend nach Akazie und Grapefruit duftende, leichter zugängliche Weißweine, die besonders bei einem jüngeren Publikum großen Anklang finden. Weißwein aus Sauvignon macht jung getrunken Freude und reift doch ausgezeichnet. All diese Eigenschaften bewirken, dass er nicht nur in Bordeaux, sondern weltweit im Kommen ist und mehr

Die weiße Sémillontraube ist traditionell die wichtigste Weißweinrebe der Region. Im Mischsatz mit Sauvignon Blanc und Muscadelle ergibt sie trockene Weißweine der Graves und die süßen Weine aus Sauternes oder Barsac. Sie wird aber immer mehr vom Sauvignon Blanc verdrängt, der mittlerweile auch reinsortig ausgebaut wird.

und mehr auch außerhalb seiner eigentlichen Heimat Frankreich angebaut wird. Der Sauvignon stammt wohl ursprünglich gar nicht aus Bordeaux, wie dies sein Name vermuten lässt, der ihn in die Nähe des roten Cabernet Sauvignon rückt, sondern aus den Anbaugebieten vom Oberlauf des Flusses Loire, wo er heute noch die herrlich frischen Weine von Sancerre und Pouilly-Fumé und die Sauvignon aus der Touraine ergibt.

Weiße Sorten, die aus dem Rebsatz verschwinden

Die Muscadelle (nicht zu verwechseln mit dem Muscadet, dem trockenen Weißwein aus der Gegend von Nantes an der Loire-Mündung oder dem meist süß ausgebauten Muskateller) ist das Gewürz in der Komposition großer edelsüßer und trockener, weißer Bordeaux. Schwierig im Anbau (wenig fäuleresistent), verschwindet diese einmalige Traube langsam aus den Rebbergen, obschon sie unglaublich duftige Weine ergibt. Das ist schade: Ein großer Bordeaux, ob rot oder weiß, entsteht doch gerade durch das Zusammenspiel mehrerer unterschiedlicher und sich ergänzender Sorten.

Die Sorten Ugni Blanc und Colombard machen heute nur mehr einen Viertel des Weißweinbestandes der Gironde aus, waren früher aber die wichtigsten Weißweinsorten. Sie ergeben einfache, relativ neutrale Grundweine, die man auch etwa zum Herstellen von Grundweinen verwendet hat, aus denen man Weinbrand destilliert. «Fine de Bordeaux» heißt ein cognacartiger Branntwein aus der Gironde, der heute allerdings kaum mehr hergestellt wird. Mit ihm verschwinden daher auch diese Sorten aus dem Rebsatz. Darüber wird sich niemand beklagen, geben sie doch auch bei bestem Umgang nur mittelklassigen Wein.

Der Sauvignon Blanc ist weltweit im Kommen. Mit seinen Aromen von Zitrusfrüchten und Pfirsich gefällt er besonders einem jüngerem Publikum. Zunehmend macht er sich auch in Bordeaux breit. Die Weinuniversität von Bordeaux widmet sich seit über 20 Jahren intensiv dieser Sorte: Der Sauvignon Blanc ist mittlerweile die besterforschte Rebsorte der Welt.

Die Kraft des Klimas und der Böden

Wenn Bordeaux mit zu den ältesten Weinanbauge-
biete der Welt gehört, hat dies nicht zuletzt mit
seinen für den Rebbau besonders günstigen klimati-
schen und geologischen Bedingungen zu tun. Den
französischen Begriff «Terroir» kann man definieren als
die Eigenart der Böden, die Rebe optimal mit Wasser
und Nährstoffen zu versorgen und wurzeln und wachsen zu lassen – in Wahrheit spielt eine Unmenge Faktoren mit, zu denen auch Klima und Mikroklima
gehören.

Das Wasser ist allgegenwärtig in der Region, hat gar
ihren alten lateinischen Namen geprägt: Aquitanien
(das Wasserland). Die Flüsse Isle, Dordogne, Ciron
und Garonne durchziehen das Bordelais und vereini-
gen sich zur gewaltigen Flussmündung der Gironde,
die dem Departement den Namen gegeben hat.

Die Flüsse sind auch für die Bildung der Weinbergsböden verantwortlich. Ursprünglich wurde die Rebe
in der Gironde in die Schwemmlandböden entlang der
Wasserläufe gepflanzt, die besonders fruchtbar waren,

Aquitanien, das Wasserland,
nannten die Römer einst die
Region. Die besten Wein-
gärten liegen mit Ausblick
aufs Wasser, wie hier
in Saint-Estèphe im Haut-
Médoc.

sowie entlang der sonnigen Hänge des rechten Dordogne-Ufers. Letztere bestehen aus mageren, häufig stark kalkhaltigen, kühlen Böden, die der Rebe wohl bekommen, weil sie diese nur mäßig produzieren lassen und einer langsamen, aber stetigen Traubenreife förderlich sind – zwei Voraussetzungen für einen großen, ausgewogenen Wein. In jüngerer Zeit – ab dem 17. Jahrhundert – begann man, die stark kieshaltigen Hügel des linken Garonne-Ufers (Graves, Médoc) zu bepflanzen, die man erst mit Flussschlick düngen musste, damit die Rebe überhaupt Fuß fassen konnte. Diese sanft geschwungenen, kaum 20 Meter über den Fluss- und Meeresspiegel aufragenden Hügel aus urzeitlichem Flussschotter besitzen eine hervorragende natürliche Drainage (die Eigenschaft, den Wasserhaushalt so zu regulieren, dass die Rebe nie unter Mangel oder Überfluss leidet). Gleichzeitig lädt sich das Geröll am Tag gleichsam mit Sonnenwärme voll, die es in der Nacht wieder abgibt – eine zusätzliche Hilfe für eine optimale Traubenreife.

Mit einer Niederschlagsmenge von durchschnittlich 900 Millimetern jährlich und einer Durchschnittstemperatur von 12,6 Grad gehört die Gironde zu den temperierten Zonen Frankreichs. Gefürchtet sind einzig die Spätfröste im Frühjahr, die beispielsweise 1991 fast die Hälfte einer Jahresernte vernichtet haben.

Die feinsten, ausgewogensten Weine der Welt wachsen nicht in den wärmsten Klimazonen, sondern im so genannten Randzonenklima. Hier ist Weinbau nicht ohne Risiko: Im Frühjahr 1991 etwa zerstörte der Frost einen Großteil der bordelaiser Weinernte.
(Bild: die erfrorenen Knospen der sprießenden Rebe)

Geologischer Querschnitt durch die Rebgärten des Médoc:

- ⬛ Untergrund aus Molasse
- 🟨 Schicht aus feinem Sand
- 🟩 Schicht aus Kies und Sand
- 🟧 Moorgebiete, ungeeignet für Qualitätsweinbau
- ⬜ Kalk
- 🟩 Kieskuppen, ausgezeichnet für den Weinbau

Reben

Reben

Gironde

West

Ost

Je kleiner die Ernte, desto besser der Wein

Eng bestockte Rebberge im Haut-Médoc: Diese ergeben weit bessere Weine als locker bepflanzte. Das ist ganz logisch: Die Konkurrenz der anderen Stöcke verpflichtet die Rebe im ersten Fall, ihre Nahrung in den tiefern Erdschichten zu suchen. Die Rebe muss leiden, ergibt weniger, dafür schmackhaftere, reifere Trauben.

Große Weine entstehen im Rebberg, nicht im Keller. Jede Unterregion der Gironde besitzt daher ihre eigenen Anbauvorschriften und Methoden. Dies ist historisch bedingt, hat aber auch mit den unterschiedlichen Klima- und Terroirzonen zu tun. Grundsätzlich können wir unterscheiden zwischen dicht bepflanzten Rebbergen – 6 000 Stöcke pro Hektar in Saint-Emilion, Fronsac, Pomerol, 10 000 Stöcke pro Hektar im Médoc – und der so genannten «vigne large et haute», in breiten Rängen gepflanzte, besonders hoch gezogene Rebanlagen mit einer Pflanzdichte von 3 000 Stöcken pro Hektar. Aus der Tatsache, dass die Erträge im Bordelais (wie überall in Frankreich) pro Hektar beschränkt sind (erlaubt sind durchschnittlich 45 Hektoliter pro Hektar), folgt, dass ein Rebstock eines eng bepflanzten Rebberges weniger produzieren darf (und folglich besseren Wein ergibt) als ein breit bepflanzter. Qualitätsrebberge sind heute immer eng bestockt, die Äste der Rebe werden betont kurz gehalten, um den Behang bereits im Frühjahr auf sechs bis acht Trauben pro Stock zu reduzieren.

Neben dem Rebschnitt und den klassischen Laubarbeiten im Frühsommer (Einschlaufen der Äste, Zurückstutzen der Zweige) wird heute eine Operation immer gebräuchlicher: die so genannte «vendange verte». Diese «grüne Ernte» besteht darin, den Traubenbehang im Sommer auszulichten, um weniger, aber Trauben besserer Qualität zu produzieren. Eine weitere Technik, die wieder in Mode kommt, ist die Effeuillage, das Entlauben vor der Ernte. Ein Teil der Blätter in Traubenhöhe wird weggerissen, damit die Traube optimal von der Sonneneinstrahlung profitiert.

Die Mechanisierung hat erst relativ spät in die Rebberge in Bordeaux Einzug gehalten. Bis weit in die Sechzigerjahre wurden die Weinberge mit Ochsenkarren oder Pferdegespann bestellt. Erst dann entwickelte man Traktoren, die überhaupt durch die engen Ränge fahren konnten. Die chemische Unkrautbekämpfung ist mehr und mehr verpönt: Die Rebanlagen der Spitzengüter bestellt man heute wieder so weit wie möglich mechanisch und verzichtet ganz auf den Einsatz von Unkrautvertilgern.

Ähnlich verhält es sich mit der Lese: Viele Güter, die in den Achtzigerjahren eine Erntemaschine angeschafft haben, kommen heute wieder von deren Einsatz ab und lassen wieder von Hand ernten. In den weniger bekannten Gebieten (deren Weine ja auch nicht den stolzen Preis erzielen, den man heute für ein Spitzengewächs aus Bordeaux bezahlen muss) wird jedoch generell mechanisch geerntet.

Auf den besten Rebbergen geschieht die Pflege der Reben und die Ernte großenteils von Hand. Ein Grand Cru wie Château Latour (Bild unten links: Arbeiter beim Schneiden der Reben) beschäftigt fast 50 Rebarbeiter… Das ist aufwändig und teuer und erklärt teilweise den hohen Flaschenpreis. Maschinelle Ernte ist auf den Qualitätsgütern verpönt. Bild unten rechts: Erntehelferin auf Château Beauregard in Pomerol.

So entstehen Bordeaux-Weine

Rote Trauben

*Traubenmühle
Einmaischapparat*

*Gärbehälter
mit
Maische*

umpumpen

Presse

Trester

Lagerkeller

Presswein

Vorlaufwein

*filtern
oder
klären*

Abfüllanlage

Die eigentliche Weinbereitung dauert nur ein paar
Tage bei den Weißweinen und höchstens einen Monat
bei den Roten. Und doch ist diese Phase so entschei-
dend für das endgültige Resultat.

Wie leichte rote Bordeaux gekeltert werden

In den *Traubenmühle* werden die Trauben entrappt,
das heißt von den Kämmen getrennt und sanft ge-
quetscht. Die dabei entstehende Maische kommt in
den *Gärbehälter* oder Gärtank. Die alkoholische
Gärung setzt spontan oder dank Zugabe von Rein-
zuchthefe ein und dauert vier bis sechs Tage. Danach
bleibt der Jungwein noch kurze Zeit an der Maische,
bis der Saft *(Vorlaufwein)* abgelassen wird.
Die festen Teile (Traubenschalen und
-kerne) kommen auf die *Presse.* Presswein
und Vorlaufwein werden vermischt und
kommen in den *Lagerkeller.* Unter Beigabe
von Milchsäurebakterien wird die so genannte malolaktische Gärung provoziert:
Die herbere Apfelsäure wird dabei zur mil-
deren Milchsäure abgebaut. Danach bleibt
der fertige Jungwein noch einige Monate im
Tank, wird dann *gefiltert* und abgefüllt. Je nach
Unterregion lagert die Flasche noch einige Monate im
Keller, bevor sie in den Verkauf kommen kann.

Wie große rote Lagerweine entstehen

Die erste Phase der Weinbereitung bleibt gleich. Große
Weine bleiben jedoch nach erfolgter Gärung länger an
der Maische: mindestens zwei und längstens vier
Wochen. In dieser Zeit wird der Wein regelmäßig *um-
gepumpt* oder umgezogen, das heißt aus dem Gärtank

abgepumpt und in geschlossenem Kreislauf wieder über die Maische gegeben. So reichert man den Saft oder Jungwein mit den Farb- und Gerbstoffen der Traubenschale an, was dem Wein nicht nur seine tief dunkle Farbe, sondern auch seine große Reifekapazität verleiht. Versuchen einige Betriebe, die malolaktische Gärung so rasch als möglich einzuleiten (wenn der Jungwein noch an der Maische ist), ziehen andere es vor, den Wein vor der zweiten Gärung abzulassen. Lagerweine werden so gut wie immer in kleinen Eichenholzfässern von 225 Litern Inhalt gelagert (der Winzer sagt: ausgebaut), den so genannten «barriques».

So keltert man weißen Bordeaux

Die ganzen, leicht gequetschten Trauben werden möglichst rasch, aber sanft abgepresst, der Saft wird in den Tank gefüllt oder bleibt gekühlt und unter Luftabschluss einige Stunden im Kontakt mit der Maische. Dies ermöglicht es, den fertigen Wein mit Aromastoffen anzureichern. Normalerweise erfolgt die alkoholische Gärung im Tank. Die großen Weißweine und besonders die edelsüßen Sauternes und Barsac vergären aber direkt in der Eichenbarrique, wo sie nach erfolgter Gärung noch einige Monate ruhen.

Unerlässlich für einen großen Bordeaux, ob rot oder weiß: die Lagerung im neuen Eichenfass. Ausbau nennt der Weinmacher diese Periode, die den Wein aromatischer und feiner macht. Für die Fässer, die in Bordeaux immer 225 Liter Inhalt haben, verwendet man ausgesuchte Hölzer von 200-jährigen Eichen aus dem Zentrum Frankreichs. Ein Fass wird für drei Ernten verwendet, darum der Ausdruck «neues Eichenfass». Alte Fässer schaden dem Wein mehr als sie ihm nützen.

Klassierung und Rangordnung

Zum Erstellen von Klassierungen, von Ranglisten von Weingütern kam es in Bordeaux bereits erstaunlich früh. 1725 schrieb das Stadtparlament von Bordeaux an den englischen König: «Die Weine unserer Provinz unterscheiden sich sowohl im Preis als auch in ihrer Qualität stark voneinander. Die Weine, welche die Engländer grands vins nennen und teuer zu zahlen bereit sind, bilden eine Klasse für sich und dürfen nicht mit den übrigen Gewächsen verwechselt werden.» Zwanzig Jahre später erstellte ein Journalist namens Frank eine Rangliste, an deren Spitze wir so bekannte Güter wie Margaux, Lafite, Mouton, Lascombes, Léoville, Giscours und Haut-Brion finden.

Nach und nach wurden diese Klassements offiziell und staatlich – und konnten kaum mehr geändert werden.

Die Klassierung im Médoc:

Klassierte Châteaux (rot):
5 Premiers Grands Crus Classés
14 Deuxièmes Grands Crus Cl.
10 Quatrièmes Grands Crus Cl.
10 Cinquièmes Grands Crus Cl.
300 Crus bourgeois (orange)
150 Cru artisans/
12 Genossenschaften (gelb)
Übrige: Markenweine, AOC
Médoc usw. (weiß)

Daher besitzen die verschiedenen Bordeaux-Rangierungen heute nur noch beschränkte Gültigkeit. Einige der besten und teuersten Weine tragen keinen offiziellen Titel.

Das wichtigste Bordeaux-Klassement für Rotweine wurde vor über hundert Jahren veröffentlicht und ein einziges Mal, 1973, angepasst. Anlässlich der Weltausstellung von 1855 wurden 59 Weine des Haut-Médoc und Haut-Brion aus den Graves sowie 21 Güter aus Sauternes offiziell in den Rang von Crus Classés erhoben, und zwar in fünf Stufen vom Premier zum Cinquième Cru Classé. Es handelte sich dabei praktisch ausschließlich um Güter, die seit längerer Zeit anerkanntermaßen große und teure Weine produzierten.

Ein Cru Classé versteht sich als ein historisches Weingut, dessen Weine aufgrund seiner Qualität einst einen stolzen Preis erzielten. Ein Cru bourgeois ist dagegen ein Gut, das oft einen ausgezeichneten Wein keltert, der aber als Marke meist noch nicht so lange existiert wie ein klassiertes Gewächs. 1932 wurde die Klassierung der Crus bourgeois veröffentlicht: Sie galt für rund 400 meist kleinere Güter des Médoc. Heute kommen aus dieser Kategorie nicht selten die Weine mit dem besten Preis-Leistungs-Verhältnis.

Seit den Fünfzigerjahren des 20. Jahrhunderts kennen auch Saint-Emilion und die Graves eine offizielle Rangliste. In den Graves wurden 12 Güter in den Rang eines Crus Classés des Graves erhoben.

Das Klassement von Saint-Emilion wird regelmäßig angepasst. Die Appellation eines Grands Crus müssen sich rund 180 Güter, die Weine von der Qualität eines Crus Bourgeois produzieren, jährlich neu verdienen. Alle zehn Jahre kommt es zur Überarbeitung des Klassements der rund 60 Grands Crus Classés und der 11 Premiers Grands Crus Classés. Nur zwei Güter, Ausone und Cheval blanc, dürfen den Titel «Premier Grand Cru Classé A» tragen. Fronsac und Pomerol und die übrigen Gebiete kennen keine offiziellen Klassierungen.

Die Klassierung in den Graves:

1 Premier Grand Cru Classé
(rote Spitze)
16 Crus Classés Graves de
Pessac-Léognan (rot)
100 nicht klassierte, gute bis
sehr gute Châteaux (orange)
300 einfache Domänen und
Châteaux (gelb)
Übrige: Markenweine,
AOC Graves usw. (weiß)

Die Klassierung in Saint-Emilion:

2 Premiers Grands Crus Classés
A (rot)
9 Premiers Grands Crus Classés
B (rot)
63 Grands Crus Classés (rot)
200 Grands Crus (orange)
200 einfache Domänen und
Châteaux (gelb)
Übrige: Markenweine,
AOC St-Emilion usw. (weiß)

Von Appellationen und Deklarationen

Frankreich kennt das wohl strengste Keltergesetz der Welt. Die nationale Weinbehörde wacht dabei streng über das Einhalten der europäischen, staatlichen oder regionalen Richtlinien, unterstützt von der «Repression des fraudes», einer Art Wirtschaftspolizei, die darüber wacht, dass alles mit rechten Dingen zugeht.

Rund vierhundert französische Weingebiete kommen in den Genuss der so genannten «Appellation d'origine contrôlée», der Bezeichnung für kontrollierten «Ursprung». Dieses Siegel garantiert nicht nur, dass die Weine, die es tragen, auch wirklich genau aus der Region stammen, die das Etikett vermerkt, sondern auch, dass es sich um einen Qualitätswein handelt, der von Reben stammt, deren Erträge ein gewisses Maß nicht überschreiten dürfen.

Der traditionelle Stil der Bordeaux-Etiketten

Manchen machen sie lächeln, die immer etwas altmodisch anmutenden Etiketten der meisten Weine aus Bordeaux. Ein Schlösschen ist da abgebildet, Lorbeer rankt um ein Familienwappen, Goldgepräge soll auf die noble Abstammung hinweisen...

Ein Château darf nur auf dem Etikett abgebildet sein, wenn es auch wirklich existiert, wie hier das Beispiel von Château Kirwan in Margaux zeigt: rechts ein Foto des Château und das entsprechende Etikett dazu.

Das Lesen eines Bordeaux-Etiketts

Was auf einem Etikett stehen darf, regelt heute die Europäische Union sehr streng:

❶ Der Weinname, die Marke

Der Begriff «Château» ist in Bordeaux geschützt. Château darf sich ein Wein nur nennen, wenn das «Château» tatsächlich auf irgendeine Weise existiert. Dabei kann es sich um ein paar Mäuerchen handeln. Seit kurzem muss ein «Château» zwar kein Schloss sein, aber immerhin einen eigenen Keller besitzen. Noch werden aber Ausnahmen von dieser Regel toleriert.

❷ Die Klassierung

Zugelassen sind einzig die Begriff Cru Classé, 1er Cru Classé, 2ème Cru Classé, Grand Cru Classé – Grand Cru aber nur, wenn das Gut offiziell das Recht hat, sich mit einem solchen Titel zu schmücken. Weitere erlaubte Begriffe sind Cru bourgeois, Cru artisan und Cru paysan.

❸ / ❹ Die Herkunft

(3) ist als Ergänzung und zum Herausstreichen der gesetzlich geregelten Aufschrift «Appellation Margaux contrôlée» (4) gedacht. Der Wein darf ausschließlich aus den Rebbergen der genau umgrenzten Herkunftsgemeinde oder Unterregion stammen, im vorliegenden Falle also aus den Gemeinden, welche die Appellation Margaux tragen dürfen.

❺ Jahrgang

Bezeugt, dass der Flascheninhalt ausschließlich aus der Ernte des betreffenden Jahres gekeltert wurde. Zusätze von Weinen anderer Jahrgänge auch in kleinen Mengen sind verboten.

❻ Name und Adresse des Besitzers/des

Gutes: Diese Erwähnung ist obligatorisch. Fehlt sie oder ist sie verstümmelt, ist Misstrauen angesagt...

❼ Abbildung des Châteaux:

Darf nur erfolgen, wenn ein Gebäude auch wirklich existiert und in etwa der Abbildung entspricht. Stilisierungen sind erlaubt, ebenso historische Abbildungen, auch wenn sie nicht mehr dem heutigen Bild des Château entsprechen.

❽ Mise en bouteille au Château:

Schlossabfüllung. Der betreffende Wein wurde im Erzeugergut auf Flaschen gefüllt. Heute für große Bordeaux fast obligatorisch, wenn auch nicht gesetzlich vorgeschrieben.

❾ Angabe des Alkoholgrades:

Seit 1988 vorgeschrieben.

❿ Mengenangabe:

Seit 1979 obligatorisch.

Die Jahrgänge, die Trinkreife

Kaum ein Bordeaux-Jahr gleicht dem anderen. Das Klima eines Jahres bestimmt maßgeblich die Qualität des fertigen Weins und seine Lagerfähigkeit. Manchmal gibt es auch Unterscheide von Appellation zu Appellation. 1995, 1994 und 1993 etwa sind Jahre, die in Fronsac, Saint-Emilion und Pomerol besser waren als im Médoc. 1996 ist es genau umgekehrt. Reifen Weine aus großen Jahren eine Ewigkeit, trinkt man solche aus mittleren Jahren besser in ihrer Jugend, also im Alter von 4 bis 8 Jahren. Nachfolgende Übersicht soll es Ihnen erleichtern, sich im Jahrgangsdschungel zurechtzufinden. Natürlich gibt sie nur eine grobe Übersicht. Abweichungen von Gut zu Gut sind normal und manchmal beträchtlich. Die Zeichen im Feld betreffen die geschätzte optimale Trinkreife.

Weine, für die Zeit gebaut

Rote Bordeaux sind Lagerweine. Das heißt nichts anderes, als dass sie sich mit der Zeit verbessern, eine rubinrote Farbe annehmen, verführerisch nach Rose, Sandelholz, Tabak, Waldpilzen, Vanille und Zeder duften und sanft und voll im Mund liegen. Jung getrunken werden nur die einfachen, fruchtigen Bordeaux.

Das Bordeaux-Jahrgangspoker

Je nach Jahr geraten Bordeaux völlig unterschiedlich. Man unterzieht sie daher jeweils bereits im Frühjahr nach der Ernte einer ersten Verkostung, welche die Qualität des Jahres einschätzen soll und damit den Preis, den die Weine erzielen werden. Gute Jahrgänge werden in der Folge immer teurer, kleine bleiben stabil oder werden gar billiger. Das fördert die Spekulation.

Die Weinreife-Tabelle für den höchsten Weingenuss

Jahr	Große Rotweine Médoc Weine	Große Rotweine Libournais	Einfache Rotweine	Große trockene Weißweine	Edelsüße Weine
1998	→	→	→	→	→
1997	→	→	↗	↗	→
1996	→	→	↗	↗	→
1995	→	→	★	↗	→
1994	→	→	↘	★	↗
1993	↗	↗	↘	★	★
1992	★	★	○	↘	↘
1991	★	↘	○	↘	↘
1990	★	★	↘	★	★
1989	★	★	↘	★	★
1988	★	★	○	★	★
1987	↘	↘	○	↘	↘
1986	★	↘	○	↘	★
1985	★	★	○	↘	★
1984	○	○	○	○	○
1983	↘	↘	○	○	★
1982	★	↘	○	↘	↘

Zur Qualität der Jahrgänge:
- = hervorragend
- = gut
- = mäßig

Legende:
→ noch sehr jung, reifen lassen
↗ am Anfang der Trinkreife, kann noch besser werden
★ auf dem Höhepunkt, trinken
↘ Zenit überschritten, austrinken
○ verpasst, wäre besser schon getrunken

Die Bordeaux-Weinjahre ab 1987

Weine der neueren Jahrgänge sind im Handel erhältlich.

1998 Eigenwilliges Jahr, ausgezeichnete Weiß- und Rotweine mit gutem Reifepotenzial.

1997 Mittelmäßiges Jahr, recht gute Rotweine, ausgezeichnete Weiß- und Süßweine.

1996 Ausgezeichnetes Jahr im Médoc, mittleres Jahr in Pomerol und Saint-Emilion.

1995 Ausgezeichnetes Jahr für Rotweine in allen Gebieten, vollmundige, gefällige Weine.

1994 Gutes Jahr, herbe, etwas eckige Weine, frische, saftige Pomerol, die gut reifen.

1993 Gutes Jahr, ausgewogene Rotweine, zuverlässige Weiße, beginnende Trinkreife.

1992 Schwieriges Jahr, geschmeidige, gefällige Weine, die ihre Trinkreife erreicht haben.

1991 Frühfröste dezimierten beträchtlich die Ernte. Nur im Médoc gute Rotweine.

1990 Ausgezeichnetes Jahr für alle Weine, tropische Bedingungen, sehr reife Trauben.

1989 Ausgezeichnetes Jahr in St-Emilion und Pomerol, gutes bis sehr gutes Médoc-Jahr.

1988 Ausgezeichnetes Jahr für alle Weintypen. Die Weine sind am Anfang der Trinkreife.

1987 Mäßiges Jahr, teils aber recht süffige Rotweine im Médoc. Austrinken!

Die Vielfalt der Bordeaux-Weine

Mit seinen 110 000 Hektar Rebfläche, was in etwa der Anbaufläche Deutschlands entspricht, gehört das Gebiet Bordeaux zu den bedeutendsten Anbaugebieten für Qualitätsweine. Es wird in 57 Unterregionen eingeteilt, so genannte Appellationen und Unterappellationen.

Mit einer einfachen Symbolik weist die Vinoteca den Weg zum Wein, den Sie suchen. Stellen Sie die vier Fragen gemäß Seite 16. Die einzelnen Symbole mit den Beschreibungen geben Auskunft. Die Sterne für die Qualität werden aufgrund der entscheidenden Faktoren, Traubensorte, Terroir, Klima und Winzer, vergeben.

Die Qualität

★	für einen guten Alltagswein
★★	für einen feinen Sonntagswein
★★★	für einen prächtigen Festtagswein
★★★★	für einen grandiosen Paradewein
★★★★★	für einen absoluten Weltklasse-Wein

Der Weintyp / Geschmack

♟	Rotwein
♙	Rosé
♙	Weißwein

☛ Ideale Gerichte zu diesem Wein

Lagerfähigkeit

▮	Trinkwein
▬	Lagerwein (Angaben in Jahren ab Ernte)

Die Preiskategorien

❶	unter DM 10,– / € 5,–
❷	DM 10,– bis 20,– / € 5,– bis 10,–
❸	DM 21,– bis 30,– / € 10,– bis 15,–
❹	DM 31,– bis 50,– / € 15,– bis 25,–
❺	über DM 50,– / € 25,–

Die Vinoteca-Symbole zur Weinbeurteilung

Qualität

Weintyp / Geschmack

Speise-Empfehlung

Lagerfähigkeit

Preiskategorie

Die Bordeaux-Appellationen im Überblick

Bordeaux, Bordeaux supérieur (Seite 38)

bekömmliche, fruchtige Rotweine

Begleiter jeder Mahlzeit

von mittlerer Lagerfähigkeit

❶-❸ untere und mittlere Preisklasse

Les Côtes (Seite 40)

Côtes de Blaye, Côtes de Bourg, Premières Côtes de
Bordeaux, Côtes de Castillon, Côtes de Francs

die ganze Palette leichter bis kräftiger Rotweine,

teils auch trockene Weißweine

gute Weine für den Alltag

mittlere bis ausgeichnete Lagerfähigkeit

❶-❸ untere bis mittlere Preisklasse

Médoc/Haut-Médoc (Seite 42)

kräftiger, herber Rotwein und edle große Weine

zu Wild und kräftigen Speisen und fürs Fest

große Lagerkapazität: 6 bis 30 Jahre

❸-❺ mittlere Preislage bis sehr teuer

Graves/Pessac-Léognan (Seite 44)

die ganze Palette vom einfachen Rot- und

Weißwein bis zum Cru Classé

ideal zu einfachen Gerichten, aber auch zum
sonntäglichen Mahl

von jung zu trinkenden Weinen bis zu
großer Lagerkapazität

❷-❺ mittlere bis höchste Preisklasse

Sauternes/Barsac (Seite 46)

Süßweine großer Klasse

zu Desserts, Blauschimmelkäse,
Terrinen und Pasteten

halten eine Ewigkeit

❹-❺ hohe Preisklasse

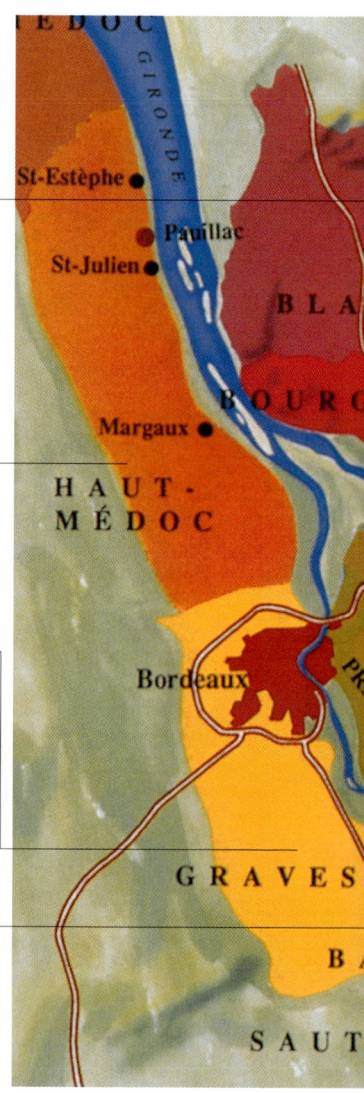

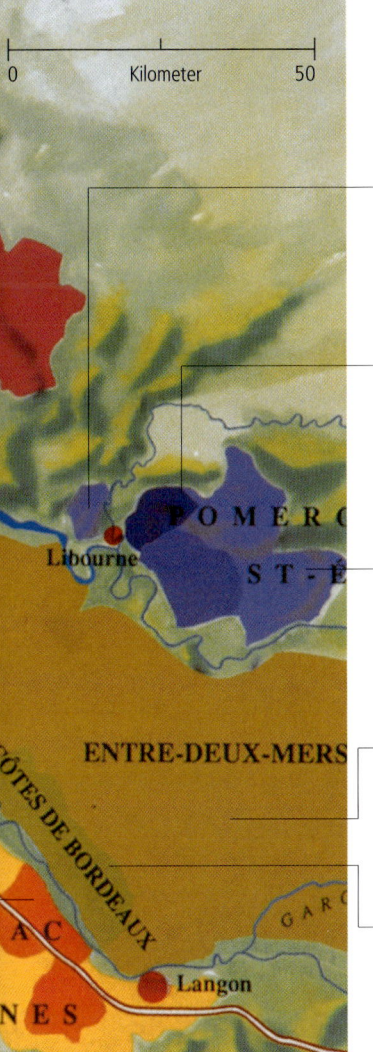

Bordeaux Clairet und rosé (Seite 41)

⚲ süffige Sommerweine von satter bis
hellrosa Farbe

👄 zum Aperitif, zum Umtrunk, zum Picknick

👤 jung zu trinken

❶–**❷** untere und mittlere Preislage

Fronsac (Seite 48)

⚲ kräftige, würzige Weine

👄 zu kräftigen Speisen, Wild, Geflügel

🍶 6 bis 10 Jahre und länger

❸–**❹** relativ preisgünstig

Pomerol (Seite 48)

⚲ samtene, mundfüllende Rotweine

👄 Geflügel, Wild, fürs Fest

🍶 mittlere Lagerkapazität: 4 bis 8 Jahre,
Ausnahmen bis zu 20 Jahre

❹–**❺** eher teuer

Saint-Emilion (Seite 48)

⚲ elegante, geschmeidige Rotweine

👄 Geflügel, fürs gediegene Fest

🍶 4 bis 10 Jahre und mehr

❹–**❺** eher teuer

Bordeaux blanc/Entre-deux-mers (Seite 38)

⚲ trockene Weißweine

👄 zum Aperitif, zu Fisch

👤 jung zu trinken

❷–**❸** mittlere Preislage

Loupiac/Cadillac/Ste-Croix du Mont (Seite 47)

⚲ Süßweine mittleren Gehalts

👄 zum Aperitif, wie Sauternes

🍶 ab drei, vier Jahren bis eine Ewigkeit

❸ mittlere Preislage

Die einfachen Bordeaux:
rot, weiß und rosé

Bordeaux in Zahlen:

Bordeaux ist ein Weinanbaugebiet der Superlative. Jeder sechste Einwohner der Region wirkt direkt oder indirekt im Weinbau mit.

Rund 16 000 Winzer keltern alles in allem selber Wein oder sind in Weinbaugenossenschaften zusammengeschlossen.

110 000 Hektar stehen in der Gironde unter Reben.

Diese produzieren jährlich fast 1 Milliarde Flaschen Wein.

Das Herkunftsgebiet kennt 57 verschiedene Unterregionen (Appellationen kontrollierter Herkunft).

Rund 10 000 Châteaux haben eine eigene Marke – die einfachen Handelsmarken nicht mitgezählt.

Bordeaux exportiert einen Großteil seiner Produktion. Wichtige Absatzländer sind Deutschland, die Beneluxstaaten, Amerika, England und die Schweiz.

Die Basisappellation Bordeaux oder Bordeaux supérieur gilt für Rotweine, die von der gesamten Anbaufläche Bordeaux' stammen können. 7500 Winzer produzieren auf 58 000 der insgesamt 110 000 Hektar Anbaufläche 400 Millionen Flaschen jährlich. Über die Hälfte davon wird auf dem Erzeugergut abgefüllt.

Die Bezeichnung «supérieur» verweist auf einen Wein, der etwas kräftiger ausfällt und ein Jahr im Erzeugergut reifen muss, bevor er ausgeliefert werden darf. Produzenten von Bordeaux supérieur müssen strengere Pflichten erfüllen als solche von einfachen Bordeaux. Solche Weine besitzen gemeinhin ein Lagerpotenzial von zwei bis fünf Jahren. Ein einfacher Bordeaux hingegen erreicht seine Trinkreife bereits rasch nach der Abfüllung und hält im Normalfall zwei bis drei Jahre. Bordeaux und Bordeaux supérieur sind Weine mit ausgezeichnetem Preis-Leistungs-Verhältnis. Nicht zuletzt darum erfreuen sie sich steigender Beliebtheit. Diese Kategorie von roten Bordeaux ist auch darum besonders interessant, weil sie eine große Bandbreite von verschiedenen Weintypen bietet: einfache, fruchtige Tropfen, aber auch in der Eichenbarrique ausgebaute Weine, die manchmal erstaunlich nahe an die Qualität eines großen Bordeaux kommen und auch einige Jahre lagern können.

Das Entre-deux-mers liegt im Herzen von Bordeaux, eingebettet zwischen den beiden Flüssen Dordogne und Garonne. Einerseits als geografischer Begriff gebraucht für ein wenig bekanntes Gebiet von großer. landschaftlicher Schönheit, ist das Entre-deux-mers auch eine besondere Appellation für weiße Bordeaux aus diesem Gebiet. Einfacher weißer Bordeaux und

Entre-deux-mers ist fruchtig und rund und besitzt zurückhaltende Säure. Er duftet in seiner Jugend nach Akazie und Grapefruit und mundet am besten jung getrunken, als Aperitif oder zu Fischspeisen. Zu Austern schmeckt – trotz aller gegenteiliger Aussagen – ein Muscadet aus der Gegend von Nantes weit besser. Immer mehr Produzenten wagen sich heute an etwas kräftigere, manchmal gar im Holzfass vergorene weiße Bordeaux. Die besten von ihnen stehen einem weißen Graves aus Pessac-Léognan in nichts nach.

Bordeaux Clairet und Bordeaux Rosé können ebenfalls auf der ganzen Anbaufläche der Gironde geerntet werden. Beim Ersteren handelt es sich um einen leichten Rotwein von dunkelrosa Farbe, der aus rasch abgepressten und nur kurz in der Maische liegenden roten Beeren gewonnen wird, beim Letzteren um einen himbeer- bis lachsfarbenen Tropfen, der nicht selten aus dem nach kurzer Zeit abgelassenen und separat vergorenen Saft von für Rotwein bestimmten Trauben gewonnen wird. Ein Clairet ist kräftiger und kann einen Rotwein ersetzen, ein Rosé leichter und fruchtiger, er tendiert eher Richtung Weißwein – außer, daß sich nicht alle Winzer an diese Vorgabe halten. So gibt es leider in Bordeaux auch Clairets, die eigentlich Rosés sind und umgekehrt.

Château bedeutet in Bordeaux Weinbaubetrieb, nicht eigentlich Schloss. Viele so genannte Schlösser wurden denn auch nicht zum Wohnen erbaut, sondern als Statussymbol für den Wein. Andere Güter nennen sich «Schloss», auch wenn das Gutsgebäude eher einem Bauernhof gleicht. Das gilt nicht für Château de Plassan im obigen Bild. Das wunderschön gelegene, im italienischen Stil gehaltene Gut dient nicht nur als Wohnsitz, es sieht auch wirklich aus wie ein Märchenschloss…

Weintyp	★	🍷🥂¹	🍷²	🍶	❶
AOC Bordeaux	★–★★	bekömmlich, jung zu trinken	passt zu Alltagsküche	1–3 Jahre	❶–❸
AOC Bordeaux supérieur	★★–★★★	bekömmlich, jung zu trinken, teilweise auch zu lagern	passt zu Alltagsküche, zu bekömmlichen Speisen, zu internationaler Küche, für alle Gelegenheiten	2–8 Jahre	❷–❸
Bordeaux Blanc Entre-deux-mers	★	weiß, jugendlich, fruchtig, frisch	Aperitif, Meeresfrüchte, Fisch	1–2 Jahre	❶–❷

¹ trinkreife Jahrgänge: Seite 33;   ² ideale Speisen zum Wein: Seiten 54/55

Weine von den Hügeln: Die «Côtes»

Aus den Côtes de Bourg, Côtes de Blaye, Côtes de Francs, Côtes de Castillon und den Premières Côtes de Bordeaux können ausgezeichnete Weine kommen, die im besten Fall gar die Qualität eines Grand Cru besitzen, zumindest aber eines Cru bourgeois. Die Côtes sind daher eine Fundgrube für Entdeckungen zu vernünftigem Preis.

Côtes bedeutet Hang. Entlang von flachen Hügeln liegen die Rebberge der Côtes de Bourg, Côtes de Blaye, Côtes de Francs, Côtes de Castillon, Côtes de Francs und Premières Côtes de Bordeaux.

Die Côtes de Bourg liegen dem Médoc gegenüber am rechten Ufer der Gironde, rund um das Hafenstädtchen Bourg, das der Appellation ihren Namen gegeben hat. Die hügelige Landschaft ist in der Region bekannt als «la Suisse Girondine», was einen echten Schweizer zwar lächeln, den «Bourgeois» aber stolz strahlen lässt. Über 50 Prozent der knapp 4 000 Hektar Rebfläche der Appellation sind mit Merlot bestockt, der Rest mit Malbec, Cabernet Sauvignon und Cabernet Franc. Ein traditioneller Côtes de Bourg besitzt angenehme Fruchtaromen und ist von kräftigem Bau, er reift problemlos 10 Jahre und länger, schmeckt in seiner Jugend aber oft hart und unnahbar. Viele Winzer keltern heute ausgewogenere, rascher trinkreife Weine, die vielleicht nicht ganz die Typizität ihrer Vorgänger besitzen, dafür aber auch einem größeren Publikum zugänglich sind.

In den Côtes (oben Côtes de Castillon) ist man Winzer vom Vater auf den Sohn. Stattliche Güter sind selten, ebenso wie Investoren aus Wirtschaft und Handel. Dafür gibt es eine Menge Familienbetriebe, die oft unbeachtet von der breiten Öffentlichkeit Weine keltern.

Die Côtes de Blaye schließen an die Côtes de Bourg an, sind aber fast doppelt so groß. Bilden die Côtes de Bourg eine geografische und geologische Einheit, ist die Eigenart der Côtes de Blaye (mit ihren verschieden lautenden und nur für den Eingeweihten nachvollziehbaren Appellationen Premières Côtes de Blaye, Blaye, Blayais oder eben Côtes de Blaye) ihre Vielfalt. Viele Winzer verzichten auf die Appellation und deklarieren ihre Ernte als einfache Bordeaux. Andere keltern neutrale Weiße und leichte Rote für jeden Tag. Die besten Rotweine aus Blaye aber können einem Pomerol oder Fronsac gleichen und altern jahrzehntelang und immer mehr Weinmacher erzeugen interessante Weißweine moderner Machart. In den Côtes de Blaye ist Entdeckerfreude gefragt...

Die Côtes de Castillon liegen an der Grenze des Departementes Gironde hin zur Dordogne und nicht weit von Saint-Emilion. 2800 Hektar stehen hier unter Reben, vorwiegend mit Rotweinsorten (vor allem Merlot) bepflanzt. Heute findet in diesem Gebiet eine wahre Renaissance statt. Fruchtig, vollmundig, rund und elegant ist ein roter Côtes de Castillon im besten Fall und von mittlerem Reifepotenzial.

Die Premières Côtes de Bordeaux entsprechen einem rund 60 Kilometer langen Hügelzug zwischen Bordeaux und Langon, entlang der Garonne. Auch hier herrscht die Sorte Merlot vor und ergibt in der Regel kräftige, gut reifende Weine mit allen Eigenschaften des klassischen Bordeaux. Nur von knapp der Hälfte der rund 6 000 Hektar der Appellation werden aber rote Premières Côtes de Bordeaux abgefüllt. Eigentliche Spezialität der Region ist die Produktion von Bordeaux-Rosés und Clairets, die allerdings auch auf dem ganzen übrigen Anbaugebiet erzeugt werden dürfen.

In den letzten Jahren sind sowohl Preise als auch der Absatz der roten Bordeaux beträchtlich gestiegen. Dies hat es manchem Winzer erlaubt, in bessere Kellerausstattung zu investieren und ein paar Eichenbarriques anzuschaffen.

Gerade in den Côtes findet sich so macher Winzer, der heute ganz andere Weine keltert als noch in den Achtzigerjahren.

Patrick Bayle von Châtreau Plaisance in den Premières côtes de Bordeaux ist einer von ihnen.

Weintyp	★	🍷🥂¹	👄²	▬	❶
AOC Côtes de Bourg Côtes de Blaye	★–★★★	teils bekömmlich, wie einfache Bordeaux, teils kräftig, zum Lagern	passt zu Alltagsküche wie zum Sonntagsbraten	2–10 Jahre	❷–❸
AOC Côtes de Castillon Côtes de Francs Premières Côtes	★–★★	bekömmlich, elegant, jung zu trinken, teilweise auch zu lagern	passt zu Alltagsküche, zu bekömmlichen Speisen, zu internationaler Küche, für alle Gelegenheiten	2–8 Jahre	❷–❸
AOC Bordeaux Clairet und Rosé	★	rosé, jugendlich, fruchtig, für den Sommer	Aperitif, Picknick	1–2 Jahre	❶–❷

¹ trinkreife Jahrgänge: Seite 33; ² ideale Speisen zum Wein: Seiten 54/55

Médoc, Haut-Médoc und Gemeindeappellationen

Das Médoc erstreckt sich knapp hundert Kilometer von Bordeaux bis zum atlantischen Ozean. Es ist unterteilt in das Haut-Médoc, der näher bei der Stadt Bordeaux gelegenen Hälfte, und das Bas-Médoc, das praktisch an den Atlantik grenzt. Rund 15 000 Hektar stehen hier unter Reben – das entspricht etwa der Rebfläche der Schweiz. Damit ist das Médoc die wichtigste Unterregion des Bordelais.

Pagus Medulorum, Land der Mitte, nannten die alten Römer diesen einsamen Landstrich. Ein Land der Sümpfe, der sandigen Heide, der Föhrenwälder und Eichenhaine, spärlich besiedelt von einem ganz besonderen Menschenschlag, der von der Jagd und der Fischerei lebte und – in der Saison – von Pilzen und wildem Spargel. Weinbau wurde bis ins 17. Jahrhundert nur spärlich oder gar nicht betrieben. Zu abgelegen war die Gegend, zu unfruchtbar die Böden, zu unsicher die Transportwege. Erst als holländische Ingenieure die Sümpfe durch ein ausgeklügeltes System von Kanälen trockenlegten, die den Wasserspiegel regulierten, und man entdeckte, dass die Kieshügel entlang der Gironde für den Weinbau besonders geeignet waren, eroberte der Wein das Médoc – oder besser gesagt, ein schmales Band von kaum fünf Kilometern Breite.

Fast 25 000 Hektar standen im letzten Jahrhundert im Médoc unter Reben. 6 000 waren es 1960. Heute ist die Rebfläche wieder auf 16 000 Hektar gewachsen. Die bekannten Grands Crus bestreiten dabei nur knapp ein Viertel der Weinproduktion. Das Gros an Rebensaft wird von den zahllosen Crus bourgeois geliefert, den vielen Crus artisans, meist Kleinbetrieben

Fischerhütte an der Gironde, dem Zusammenfluss aus den Flüssen Dordogne und Garonne, nahe der Mündung in den Atlantik.

Den Einwohnern dieses verlassenen Landstrichs, einer Art Halbinsel zwischen Atlantik und Gironde, haftet ein Ruf als Wilderer an. Hier kümmert man sich wenig um Weisungen aus dem fernen Brüssel oder Paris. Wildernde Fischer und Jäger spielen besonders gerne Räuber und Gendarm mit der örtlichen Polizei.

von weniger als 7 Hektar, und den Genossenschafts-
kellereien.

Angesichts der Größe des Médoc wundert es nicht,
dass sich innerhalb der Region mehrere Weinstile ausmachen lassen. Ein traditioneller Médoc ist ein herber,
kräftiger, kantiger Wein, der oft Jahrzehnte reifen
kann. Er besitzt jedoch immer auch eine gehörige
Portion Eleganz und Feinheit.

Das Haut-Médoc beherbergt zusätzlich sechs Gemeindeappellationen, die ihre besondere Charakteri-
stik besitzen. Aus Margaux, Saint-Julien, Pauillac und
Saint-Estèphe stammen die meisten klassierten Gewächse des Médoc, so bekannte Weine wie Château
Margaux, Château Latour, Cos d'Estournel und Château Léoville-Lascases. In Listrac und Moulis hingegen sind zahlreiche ausgezeichnete, nicht ganz so bekannte Gewächse zu Hause, großartige Weine zu
vernünftigem Preis. Margaux ist dabei für Weine bekannt, die dezent nach Himbeeren duften und besonders elegant und fein ausfallen. Saint-Julien produziert
die fruchtigsten, vollmundigsten Médoc. Die Weine
aus Pauillac besitzen immer eine besonders kräftige
Textur. Und ein großer Saint-Estèphe vereinigt besonders schön Rasse, Eleganz und Kraft.

Nirgendwo sind die
Châteaux so zahlreich wie
im Haut-Médoc und seinen
Gemeindeappellationen.
Das obige, ursprünglich
völlig unbewohnbare
Zuckerbäckerschloss, das
einem Sissi-Traum entlehnt
scheint, heißt Cantenac-
Brown und gehört heute
dem Versicherungsriesen AXA.
Es beherbergt ein Kurszen-
trum für seine Angestellten.
Daneben produziert das Gut
natürlich einen ausgezeichneten Wein.

Weintyp	★	🍷¹	🍽²	🥄	❶
AOC Médoc	★-★★★	kräftige, manchmal derbe lagerfähige Rotweine	kräftige, regionale Küche	2-20 Jahre	❷-❹
AOC Haut-Médoc	★-★★★	einfache, elegante bis kräftige edle, lagerfähige Rote	kräftige, ländliche Küche, aber auch zum gediegenen Fest	4-20 Jahre	❷-❹
AOC Margaux Moulis, Listrac Saint-Julien, Pauillac Saint-Estèphe	★-★★★★★	kräftige, herbe, einfache bis wuchtig-elegante Rotweine	Sonntagswein und fürs gediegene Fest	2-50 Jahre	❹-❺

¹ trinkreife Jahrgänge: Seite 33; ² ideale Speisen zum Wein: Seiten 54/55

Graves und Pessac-Léognan

Graves bedeutet Kies. Dies bezieht sich auf die Schotterböden der Region. Solche kargen Böden geben immer besonders elegante und raffinierte Weine. Weil der feinkörnige Kies auch die Bauunternehmer interessierte, müssen sich heute die Winzer der Region gegen die Ausbeutung ihrer Böden wehren.

Die Graves im Süden der Stadt Bordeaux ist die Region des Urbordeaux. Hier hatten die Bürger von Bordeaux bereits im Mittelalter ihre Rebberge, die ihnen zu Reichtum und Privilegien verhalfen. Die Böden in Stadtnähe sind denen des Médoc ähnlich: Sie bestehen zu großen Teilen aus Kies und Sand. Dies wäre der Region beinahe zum Verhängnis geworden: Eine Zeitlang wurde hier in großem Maße Kies gewonnen, ungeachtet dessen, dass man dabei einige der besten und ältesten Weinbergsböden für immer vernichtete. Seit 1986 heißt dieser beste Teil der Region offiziell «Graves de Pessac-Léognan». Hier sind alle klassierten Gewächse der Region zu Hause. Rund zwei Drittel der gesamten Rebfläche von rund 5 000 Hektar sind mit Rotweinen bestockt, ein Drittel mit Weißweinen.

Pessac-Léognan zählt heute rund 1 300 Hektar Reben. Ein roter Graves de Pessac-Léognan gerät einem Haut-Médoc nicht unähnlich: elegant, fein duftend und ausgewogen. Für viele Bordeaux-Liebhaber ist der Graves der klassischste aller roten Bordeaux. Manche bezeichnen ihn auch als gelungene Mischung aus einem Saint-Emilion und einem Haut-Médoc.

Weintyp	★	🍷♀[1]	🍽[2]	🍴	❶
AOC Graves Rotwein und Weißwein	★ – ★★	einfach, oft etwas derb, teils gut lagerfähig	passt zu ländlicher Küche	2 – 10 Jahre	❷ – ❸
AOC Pessac-Léognan rot	★ – ★★★★★	klassisch elegant und ausgewogen, gut lagerfähig, edel (Crus Classés)	zu bekömmlichen Speisen, fürs Fest, zu internationaler Küche	4 – 20 Jahre	❸ – ❺
AOC Pessac-Léognan weiß	★ – ★★★★★	jugendlich, fruchtig oder exotisch, saftig	Aperitif, Meeresfrüchte, Fisch	1 – 20 Jahre	❸ – ❺

[1] trinkreife Jahrgänge: Seite 33; [2] ideale Speisen zum Wein: Seiten 54/55

Wichtigste Weißweinsorte der Graves war lange der
Sémillon. Er wird besonders in Pessac-Léognan mehr
und mehr durch den Sauvignon verdrängt, der etwas
leichter zugängliche Weine ergibt. Der Sémillon muss
reifen, um seine charakteristischen, nach Lindenblüte,
Kamille und Honig duftenden Aromen zu entwickeln.
Seit der Abspaltung von Pessac-Léognan kämpft der
Süden der Graves etwas um den Anschluss. Zwar hat
die Region die Möglichkeit, große Rot- und Weißweine zu keltern, doch weder beim Publikum noch
bei den Winzern will sich diese Erkenntnis so recht
durchsetzen. Ob das wohl daran liegt, dass die Ernte
und vor allem die Weinbereitung in die Zeit der
Wildtaubenjagd fällt, die im Süden der Gironde besonders beliebt ist, und die Weinmacher daher lieber
den Zugvögeln nachsteigen als im Keller auszuharren,
wie das ein Winzer der Region etwas bösartig fest-
gestellt hat?

Pessac-Léognan ist die
Region der Urbordeaux.
Hier erzeugten die Bürger
der Stadt bereits im
Mittelalter gesuchte Weine.
Diese wurden damals vor
allem nach England ver-
schifft, wo sie sich großer
Beliebtheit erfreuten.
Produziert werden heute so-
wohl Rot- als auch trockene
Weißweine vom zuverlässi-
gen Alltagstropfen bis zum
herausragenden Paradewein.

Die großen Süßen: Sauternes/Barsac

Solche Beeren geben die herrlich öligen, süßen Weine von Sauternes und Barsac.

Château Yquem, das berühmteste Weingut der Welt

Verantwortlich für die Eigenart des süßen Sauternes ist ein kleiner Fluss, der Ciron, der bei Preignac in die Garonne mündet. Sein Lauf führt durch schattige Schluchten und Föhrenwälder. Sein Wasser ist daher besonders im Herbst ungleich kühler als das der Garonne, die bis hin nach Langon im Rhythmus der atlantischen Gezeiten strömt. Das Aufeinandertreffen des kühlen Ciron auf die mächtige Garonne provoziert besonders im Spätsommer und Herbst feuchtwarme Nebelschleier über Sauternes und Barsac, die der Entwicklung eines besonderen Mikroorganismus förderlich sind: der Edelfäule botritis cinerea. Diese befällt die weißen Trauben der Region, Sémillon, Sauvignon und Muscadelle, perforiert die Schalen und sorgt für eine größere Konzentration des Saftes.

Von der Edelfäule befallene Trauben enthalten bis zur doppelten Menge Zucker. Sie werden spät und in mehreren Durchgängen gelesen. Die Ernte in Sauternes beginnt nicht selten gleichzeitig mit der Rotweinlese, also Anfang September, zieht sich aber bis in den November hin.

Der ölige, süße Saft der abgepressten Beeren vergärt in Eichenbarriques, langsam, oft monatelang. Hat der Most das optimale Gleichgewicht erreicht, wird die Gärung durch Beigabe von kleinen Dosen schwefliger Säure abgestoppt. Er weist dann rund 13 Prozent Alkohol auf und – je nach Jahr – 150 Gramm Restzucker und mehr pro Liter. Ein solcher Wein wirkt in seiner Jugend oft ölig-schwer, reift aber in zehn, fünfzehn Jahren zu einem unglaublich aromatischen, leckeren Wein heran, in dem Süße, Säure, Alkohol und Frucht zu einmaliger Harmonie finden. Er passt zu Gänseleber und Blauschimmelkäse, aber auch zu Geflügel, etwa einer mit Honig bestrichenen, rasch im heißen Ofen gegarten Wachtel, zu Seezunge in Rahmsauce und anderen kulinarischen Leckereien.

Barsac ist eine Unterappellation von Sauternes. Ein Barsac darf sich auch Sauternes nennen, aber nicht umgekehrt. Kennzeichnen den Sauternes Opulenz und Fülle, ist der Barsac gut strukturiert und rassig und besitzt häufig eine dezente Bitternote, die ihn besonders bekömmlich macht.

Die kleinen Süßen

Süßweine werden auch in den kleinen Appellationen Cerons, Loupiac, Cadillac und Saint-Croix-du-Mont geerntet. Die drei Letzteren befinden sich gegenüber von Sauternes und Barsac am rechten Ufer der Garonne. Die Loupiac und Cadillac sind klassische, bekömmliche Aperitifweine, die schon in ihrer Jugend Freude machen. Saint-Croix gibt es von ähnlichem Typus, aber auch von konzentrierterer Art, die gut reifen und einem Sauternes oft verblüffend nahe kommen. Sie erzielen allerdings kaum je die stolzen Preise eines Sauternes oder Barsac.

Flaschenlager auf Yquem: Köstlichkeiten aus dem letzten Jahrhundert

Süßweine aus einem großen Jahr, auch wenn sie aus einer der kleineren Appellationen kommen, sind fast unbeschränkt haltbar.

Weintyp	★	♀¹	➣²	▬	❶
AOC Sauternes AOC Barsac	★–★★★★★★	ölig, vollmundig, sehr süß, sehr gut lagerfähig	Aperitif, Desserts, Pasteten und Terrinen	2–50 Jahre	❹–❺
AOC Sainte-Croix-du-Mont	★–★★★	im besten Fall wie ein Sauternes gut lagerfähig	Aperitif, Desserts, Pasteten und Terrinen	4–20 Jahre	❷–❹
AOC Cérons Loupiac, Cadillac	★–★★★	jugendlich, fruchtig, zurückhaltendere Süße	Aperitif, Umtrunk, leichte Desserts	2–20 Jahre	❷–❹

¹ trinkreife Jahrgänge: Seite 33; ² ideale Speisen zum Wein: Seiten 54/55

St-Emilion, Pomerol und Fronsac

Libourne ist die Schwesterstadt von Bordeaux und liegt knapp 50 Kilometer von dieser entfernt. Die kleine Stadt ist umgeben von drei Appellationen, die heute mit die gesuchtesten roten Bordeaux produzie-

Das mittelalterliche Städtchen Saint-Emilion ist eines der beliebtesten Ausflugsziele der Region. Saint-Emilion liegt auf einem Kalkfelsen. Dieser ist durchlöchert wie ein Emmentaler Käse: Jahrhundertelang hat man Baumaterial aus dem weichen Kalkstein gewonnen. Heute lagern die Weine in diesen Höhlen.

ren: Saint-Emilion, Pomerol und Fronsac. Saint-Emilion war bereits zur Römerzeit mit Weinstöcken übersät. Das schmucke und besuchenswerte Städtchen liegt am rechten Ufer des Flusses Dordogne auf einem sanften Hügel aus Kalk. Auf diesem und seinen Ausläufern wachsen die Weine von Saint-Emilion und seinen so genannten Satelliten, den eigenständigen Appellationen Lussac, Montagne und Saint-Georges-Saint-Emilion. Rund 5 000 Hektar Rebfläche ergeben einen Wein, der besonders geschmeidig und sanft ausfällt und bereits in jungen Jahren viel Freude bereitet, auch wenn er problemlos 4 bis 6 Jahre reifen darf. Die besten Weine wachsen dabei auf dem Kalkplateau selber oder an seiner Flanke. Sie besitzen eine kräftigere Textur und besonders reiche Aromen und reifen 10 Jahre und länger.

Von Saint-Emilion bis Pomerol ist es nur ein Katzen-
sprung. Hier werden die herrschaftlichen Schlösser
rarer – meist handelt es sich beim «Château» um einen
einfachen Bauernhof. Einer dieser unscheinbaren Gebäude beherbergt einen der teuersten Weine der Welt:
den gesuchten und vielgerühmten Château Petrus. In
Pomerol sind die Böden stärker lehmhaltig und ergeben darum Weine eines ganz anderen Stils, so füllig
und rund und samten wie eine Schwarzwälder Torte!
Die Produktion ist relativ klein: Nur etwa 800 Hektar
stehen hier unter Produktion. Kein Wunder, daß die
Pomerol heute zu den gesuchtesten roten Bordeaux
gehören.

Château Petrus, eine
eigentliche Weinlegende:
Der berühmteste aller
Pomerol-Weine und einer
der teuersten der Welt.

Die Nachbarappellation Lalande de Pomerol produziert kräftige, manchmal etwas eckige und rustikale,
aber durchaus zuverlässige Rotweine, die jedoch
kaum die samtene Textur und die Finesse des großen
Pomerol besitzen.

Das Fronsadais ist der Aufsteiger im Zirkel der Großen.
Seine beiden Appellationen Canon-Fronsac und Fron-
sac produzieren Weine, die im besten Fall denen von
Pomerol gleichen, auch wenn sie meist mehr Härte im
Mund besitzen und daher ausgezeichnet reifen.

Weintyp	★	🍷¹	🍽²	🍾	❶
AOC Saint-Emilion Saint-Emilion Grand Cru	★–★★★★★	elegante, geschmeidige bis herbe, kräftige, gut lagerfähige Rotweine	Geflügel, Wildgeflügel, Sonntagsbraten	2–20 Jahre	❷–❺
AOC Pomerol	★–★★★★★	vollmundige, samtene Rotweine, mittel bis gut lagerfähig	kräftige, ländliche Küche, aber auch zum gediegenen Fest	4–10 Jahre	❹–❺
AOC Fronsac AOC Canon- Fronsac	★–★★★★	kräftige, herbe, einfache bis samtene, herausragende Rotweine	ländliche Küche und zum Sonntagsbraten	6–20 Jahre	❸–❹

¹ trinkreife Jahrgänge: Seite 33; ² ideale Speisen zum Wein: Seiten 54/55

Die kulinarischen Hochzeiten

*Der große Wein aus Bordeaux ist ein klassisches Export-
produkt, ein Wein fürs Fest. Auf der ganzen Welt wird er
deshalb zu Gerichten der großen französischen Küche ge-
wählt. Das soll nun nicht heißen, dass bordelaiser Weine
nicht zu regionalen Spezialitäten passen, ganz im Gegenteil.*

Tolle regionale Harmonien findet man gerade zu Weinen der Mittelklasse, deren rustikalere Art besser auf
die regionalen Speisen zugeschnitten ist. Der rare,
edle, teure weiße Laville-Haut-Brion aus den Graves
mundet nun einmal am besten zu perfekt zubereite-
tem Hummer oder zu Languste. Zu fangfrischen, in
Mehl gewendeten, in Öl ausgebackenen kleinen See-
zungen aus Arcachon, mit etwas Zitrone und Petersilie serviert, schmeckt aber weit besser ein einfacher,
fruchtiger Entre-deux-mers der letzten Ernte.

Regionale Küche ist einfache Küche

Bordelaiser Küche ist einfache Küche. Komplizierte
Zubereitungsarten sind verpönt. Wenn es aber um die
Qualität der Grundprodukte geht, lässt auch der trägs-
te Hausherr nicht mit sich spaßen. Da kann es schon
vorkommen, dass ein gut situierter Châteaubesitzer,
der sonst für nichts und niemanden den kleinen Fin-
ger rührt, sich persönlich auf einen der gut bestück-
ten Märkte bemüht, um die saftigste Ente oder den
zartesten Fasan für seine Gäste auszusuchen.
Wildgeflügel nimmt einen wichtigen Platz in der
Küche ein. Die Gironde ist das französische Departement mit dem größten Bestand an Freizeitjägern.
Schnepfe, Taube, Wildente, Fasan oder das selten gewordene Rebhuhn gehören zu den beliebtesten Jagd-

Bild links:
Perfekte Harmonie von
Küche und Keller: ein ausgereifter, großer Rotwein
aus Margaux zu einer
saftigen, sanft gegarten
Lammschulter.

Zu Geflügel, ob Hähnchen, Wachtel, Perlhuhn oder Fasan, reicht man am besten Rotweine aus Saint-Emilion und Pomerol.

Zu kräftigen Eintopfgerichten der ländlichen Küche passen einfache Weine am besten.

beuten. Aus dem Nachbardepartement der Landes kommt besonders schmackhaftes, in Halbfreiheit großgezogenes Hausgeflügel: Hähnchen, Wachtel, Perlhuhn und Kapaun. Meist wird Geflügel hier einfach mit etwas Salz abgerieben, auf den Spieß gesteckt und vor dem knisternden Kaminfeuer kross gebraten. Gibt man sich besonders festlich, spickt man das Federvieh mit zu dünnen Scheiben geschnittenen Trüffeln aus dem Perigord. Lieblingsbeilage zu solch frugaler Kost sind «Pommes sarladaises», Bratkartoffeln mit etwas Knoblauch und Petersilie, die im Enten- oder Gänsefett ausgebacken wurden. Ein ausgereifter Fronsac oder Pomerol oder ein Saint-Emilion munden am besten zu dieser Art fröhlicher Schlemmerei. Im Südwesten kocht man Enten-, aber auch Gänsefleisch im Fett ein und nennt dies «Confit». Ein solches «Confit» befreit man zuerst etwas von seinem Fett und brät es dann in der Pfanne kross. Dazu und zu über Rebholz gegrillten Entenbrüsten, den «Magrets de Canards», passen die einfacheren, kräftigen Rotweine der Region: ein Côtes de Blaye oder Côtes de Bourg oder ein Médoc.

Lamm und Rind von der Weide

Aus Bazas im Süden der Gironde kommt eine besondere, selten gewordene Rinder-Rasse: der Bœuf de Bazas. Die «Blonde d'Aquitaine», eine weitere lokale Rasse, gibt ebenfalls besonders schmackhaftes Fleisch. Kein Wunder, dass eine der wichtigsten bordelaiser Spezialitäten ein Stück von Rind ist: das «Entrecôte à la Bordelaise», ein Zwischenrippenstück, über Rebholz gegrillt und mit fein gehacktem Knochenmark, Petersilie und Schalotten serviert. Dazu reicht man einen kräftigen, gereiften Pauillac oder Saint-Estèphe. Eine weitere Spezialität ist Agneau de Pauillac, Milchlamm aus Pauillac: Früher trieb man nach der

Ernte Schafherden durch die Reben. Diese bearbeiteten nicht nur auf natürliche Art den Boden, sondern düngten ihn auch. Sie ernährten sich vom würzigen Gras des in Flussnähe gelegenen, durch das salzige Wasser der Gironde überschwemmten Brachlandes, was ihrem Fleisch einen besonderen Geschmack verlieh. Heute bezeichnet «Agneau de Pauillac» ein mit Muttermilch großgezogenes, im Alter von 8 bis 10 Wochen geschlachtetes Lamm besonderer Qualität. Am besten bereitet man die Keule oder die Schulter eines solchen Tieres im Ofen, wo sie gemächlich und bei nicht zu hoher Temperatur schmort. Ein fruchtiger, voll ausgereifter Margaux oder ein fröhlicher Saint-Julien sind die besten Begleiter solcher Speise.

Klassiker zu gediegenen Speisen

Ein großer roter Bordeaux ist der klassische Wein für gediegene Speisen. Seinen Verwendungsmöglichkeiten sind kaum Grenzen gesetzt. Die einfachen Bordeaux passen, kühl serviert, sogar zu Pizza oder Gerichten mit orientalischem Einschlag! Einen kernigen Médoc oder Fronsac kann man zu Braten in Weinsauce wählen oder zu kräftigem Wildpfeffer. Ein sanfter Saint-Emilion oder vollmundiger Pomerol harmoniert zu Geflügelgerichten der deutschen Küche.

Je älter und kostbarer ein roter Bordeaux, desto dezenter soll das Gericht sein, das man dazu wählt. Auf kräftige Saucen oder Beilagen wird man in diesem Fall verzichten, damit der Wein auch voll und ganz zur Geltung kommt. Ein paar rasch in wenig Butter gebratene Lammkoteletts, ein Filet vom Rind, im Blätterteigmantel gebacken, etwas rosa gegarte Kalbsleber, begleitet von in der Schale geschmorten Frühkartoffeln oder einem Kartoffelgratin, sind geradezu ideal zum Kosten eines reifen Bordeaux.

Kommt ein besonders alter, kostbarer Bordeaux auf den Tisch, sollte man auf zu kräftige Beilagen und stark schmeckende Saucen verzichten. Je dezenter die Speise, desto besser kommt der Wein zur Geltung.

Welche Weine zu welchen Speisen?

	Weintypen	Weine
	Weißweine, einfacher Rosé	Einfacher weißer Bordeaux, Bordeaux rosé, Entre-deux-mers
	Samtener, vollmundiger, eleganter Rotwein	Großer Saint-Emilion, Margaux, Pessac-Léognan
	Kräftiger, vollmundiger, gehaltvoller Rotwein	Die besten Fronsac, Pomerol
	Herbe, kräftige, kantige und charaktervolle Rotweine	Kräftige Médoc, Saint-Estèphe, Pauillac
	Elegante, ausgewogene, klassische Rotweine	Die besten Haut-Médoc, Margaux, Saint-Julien
	Süßweine, Dessertweine	Loupiac, Sainte-Croix-du-Mont, Sauternes und Barsac

Zur Wahl der Jahrgänge: siehe Trinkreife-Tabelle Seite 33.

Klassische Bordeaux-Küche	Speisen generell
Kleine Seezunge ausgebacken, Fisch aus dem Bassin d'Arcachon, zum Aperitif	Gebackener Fisch generell, nicht zu kräftige Fischspeisen
Perlhuhn, Fasan, Geflügel aus des Landes	Geflügel der gehobenen, klassischen Küche
Wild und Wildgeflügel, Ente, Wildtaube, gebratene Entenbrust, kräftige Fleischspeisen	Alle kräftigen, rustikalen Fleisch- und Eintopfgerichte
Entrecôte à la Bordelaise (Rinderrippe über Rebholz gegrillt)	Kräftige Grilladen, Rindfleisch auch in Sauce, aber auch Wild und Wildgeflügel
Gerichte vom Lamm, Lammkoteletts mit Frühlingsgemüse, Taube mit Erbsen	Alle gediegenen Gerichte der klassischen Küche
Gänseleber, Roquefort, Austern, Tarte Tatin (Apfelkuchen)	Pasteten, Süßpeisen, Umtrunk, Aperitif, Käse

Die schönsten Güter, die besten Weine

Rund 10 000 Weinchâteaux gibt es in Bordeaux. Davon keltern etwa 200 weltberühmte, legendäre Weine. Die nachfolgende Zusammenstellung enthält daher nur die Spitze des Eisbergs, nämlich rund fünfzig der bekanntesten Châteaux, die zum Bordeaux gehören wie Ferrari zur Formel 1, aber auch einige Geheimtipps für die kleine Geldbörse.

Die Sterne führen zu den interessantesten Gütern. Die Preiskategorien der Weine sind mit den bereits bekannten Münzsymbolen ❶–❺ vermerkt. Bietet ein Weingut mehrere empfehlenswerte Weine an, sind diese aufgeführt. Anderenfalls ist die Rede vom Châteauwein oder Grand vin. Was das an Geld bedeutet, sehen Sie auf Seite 35. Alle Weine samt Seitenhinweis finden sich auch im Register auf Seite 78.

Der Weinratgeber, der ständig aktuell bleibt

Natürlich ändert sich das Angebot ständig, die Qualität der Weine von Jahrgang zu Jahrgang. Um stets aktuell zu bleiben, bedient sich die Vinoteca des Internets. Dort steht eine Website zur Verfügung, die vom internationalen Weinmagazin Vinum unterhalten wird. Sie finden dort Resultate und Kommentare der neusten Verkostungen: www.vinoteca.falken.de.

Gutschein für aktuelle Weinlisten

Wenn Ihnen das Netz der Netze noch ein Buch mit sieben Siegeln ist, so profitieren Sie vom Gutschein, der diesem Band beiliegt. Damit können Sie direkt bei Vinum kostenlos das aktuellste Verzeichnis mit den Benotungen der Weine aus Bordeaux anfordern.

DIE GRÖSSTEN CHÂTEAUX

Legenden, von denen man sich einmal im Leben eine Flasche leisten sollte. Für viele von uns sind diese Weine so unzugänglich und fern wie ein anderer Planet … Doch so, wie man sich einmal im Leben eine Fahrt im Rolls und eine Nacht im Ritz gönnen sollte, sollte man einmal im Leben einen dieser Weine entkorken. Dazu braucht es allerdings ganz schön viel Geduld: Wer die Ausgabe nicht gescheut und eine Flasche erworben hat, muss sie in den meisten Fällen zehn Jahre und länger im Keller vergessen.

Château Lafite-Rothschild ★★★★★ ❺
Pauillac/Haut-Médoc

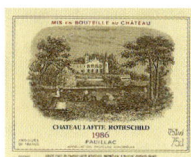

Château Lafite gehört mit zu den ältesten Weingütern des Bordelais. Im Jahre 1732 bestellte der damalige englische Premierminister Robert Walpole alle drei Monate ein Fass dieses himmlischen Tropfens und bald feierte das Gut auch am französischen Hof Erfolge. Himmlische, langlebige, extrem elegante Weine, die mindestens 20 Jahre reifen müssen und – leider – ein Vermögen kosten. Dem gleichen Besitzer, Edmond de Rothschild, gehören ebenfalls die klassierten Güter Duhart-Milon in Pauillac und Rieussec in Sauternes. Lafitte-Carcasset und Lafitte-Mongin sind zwei gute, einfache Bordeaux, die aber mit den großen Gut außer dem Namen nichts gemein haben.

Château Mouton-Rothschild ★★★★★ ❺
Pauillac/Haut-Médoc

Mouton, das Premier Cru im Besitze eines anderen Zweigs der legendären Rothschildfamilie, ist vor allem die Idee eines Mannes, Baron Philippe de Rothschild, der 65 Jahre lang Energie und Wissen in die Entwicklung dieses einzigartigen Weingutes steckte. Die stilvollen Etiketten werden seit 1945 von den berühmtesten Künstlern der Welt illustriert. Seit dem Tod ihres Vaters 1988 verwaltet Philippine de Rothschild das 79 Hektar große Gut. Sie ist ebenfalls Besitzerin der klassierten Güter Clerc-Milon ★★★ ❹ und d'Armailhac ★★ ❹.

Die Weine von Mouton besitzen in jungen Jahren einen ausgeprägt rauchigen, an Toastbrot erinnernden Geschmack, reifen aber innerhalb zehn bis 20 Jahren zu einem herrlich fleischigen, vollmundigen Tropfen, der einfach jedermann Freude macht. Gesucht und teuer.

Château Latour ★★★★★ ❺
Pauillac/Haut-Médoc

Im 18. Jahrhundert gehörte Latour mit Lafitte, Margaux und Haut-Brion zusammen zu den berühmtesten und teuersten Bordeaux überhaupt. Nachdem das Gut fast 30 Jahre in britischen Händen war, gehört es seit wenigen Jahren dem französischen Geschäftsmann François Pinault. Dessen rechte Hand vor Ort ist der kompetente und tatkräftige Direktor Christian le Sommer. Die Rebberge von Latour liegen im Süden von Pauillac, nur 47 Hektar der insgesamt 65 Hektar Reben ergeben den Château Latour. Aus dem Rest wird der ebenfalls ausgezeichnete, aber weniger langlebige Les Forts de Latour ★★★ ❹ und ein einfacher Pauillac ★★ ❸ gekeltert.

Latour ist der König, der Rolls-Royce der Weine, von außergewöhnlicher Langlebigkeit, unheimlicher Dichte, Kraft, Rasse und Eleganz. Er ist einer der lagerfähigsten, langlebigsten Weine der Welt überhaupt, von unglaublich wuchtigem, aufrechtem Bau, einer nicht enden wollenden Länge. 20 bis 30 Jahre der Reife sind nötig, ihn vollenden zu lassen. Rar und teuer.

Château Margaux ★★★★★ ❺
Margaux/Haut-Médoc

Margaux heißt nicht nur ein Dorf und eine Appellation. Margaux heißt auch eines der berühmtesten Weinchâteaus der Welt. Auf die Frage, was denn seine Vorstellung von Glück sei, antwortete Friederich Engels, der Mitverfasser des Kommunistischen Manifests: «Ein Château Margaux 1848». Margaux ist der Inbegriff des zarten, eleganten, finessereichen Weins. Dies darf jedoch nicht darüber hinwegtäuschen, dass ein Château Margaux eines großen Jahres über so viel Tannin verfügt, dass er lange reifen muss, um diese so vielgerühmte Feinheit zu entwickeln. Der Zweitwein Pavillon Rouge ★★★ ❹ ist zugänglicher. Verwalterin und Mitbesitzerin des Gutes ist Corinne Mentzelopoulos. Ihr zur Seite steht der höchst kompetente Weinmacher Paul Pontallier.

Château Haut-Brion ★★★★★ ❺
Pessac-Léognan

Seit seiner Gründung im 16. Jahrhundert stand Haut-Brion im Besitz von nur drei Familien, zuletzt von Clarence Dillon, einem Financier aus New York, der 1935 das Gut erstand, und seinen Nachfahren. Im 18. Jahrhundert gehörte Haut-Brion zu den Lieblingsweinen des amerikanischen Botschafters und späteren Präsidenten Thomas Jefferson, zusammen mit Margaux, Latour und Lafite. Heute ist Haut-Brion, dessen Rebberge mitten im Vorort Pessac liegen, eines der modernsten und bestausgestatteten Weingüter des Bordelais. Für die Verwaltung des Gutes ist der bekannte Weinfachmann Jean-Bernard Delmas zuständig. Haut-Brion pflegt einen höchst eleganten, raffinierten Stil: In jungen Jahren oft etwas unzugänglich, reift ein Haut-Brion in 10, 15 Jahren zu einem himmlischen Tropfen heran. Haut-Brion füllt auch einen ausgezeichneten, fruchtigen, aber äußerst raren Weißwein ab. Dem gleichen Besitzer gehören ferner die klassierten Güter La Mission Haut-Brion (vollmundiger, samtener Rotwein ★★★★ ❺) und Laville-Haut-Brion (der beste Weißwein aus Bordeaux, ★★★★★ ❺).

Château Ausone ★★★★★ ❺
Saint-Emilion

Ausone trägt den Namen des berühmten römischen Poeten, der als Erster die Tugenden des Bordeaux-Weines pries. Auch wenn bis heute noch kein Historiker ermitteln konnte, ob die römischen Ruinen auf dem Domaine zur ehemaligen Villa Ausonius gehören, so konnte zumindest auch nicht das Gegenteil bewiesen werden. Ausone ist einzigartig als Stätte und als Wein. Seine zum Teil fast 100 Jahre alten Rebstöcke liegen auf kaum mehr als 7 Hektar und ergeben einen unglaublich konzentrierten Tropfen mit erstaunlicher Frucht und geradezu unglaublichem Aromareichtum. Rar und sehr teuer.

Château Cheval Blanc ★★★★ ❺
Saint-Emilion

Cheval Blanc liegt an der Grenze der beiden Appellationen Pomerol und Saint-Emilion, gehört aber zu Letzterer. Sein Wein ist mehr noch als Château Margaux der Inbegriff des femininen, sanften, vollmundigen Weins, der bereits nach sechs bis acht Jahren der Reife ausgezeichnet mundet, aber auch 50 Jahren unbeschadet übersteht: Der 1947 Cheval Blanc ist unter Kennern eine Legende! Dies liegt nicht zuletzt an der für Bordeaux einzigartigen Zusammensetzung der Rebsorten.

66 Prozent der Rebberge sind nämlich mit der Sorte Cabernet Franc bestockt, die sonst kaum mehr als ein Drittel des Rebsortenspiegels ausmacht. Seit dem 19. Jahrhundert im Besitz der Familie Fourcaud-Laussac, wurde es 1998 an einen belgischen Financier verkauft.

Château Yquem ★★★★★ ➄
Sauternes

Es gibt keinen anderen Wein in der Welt, der so legendenumworben ist wie der goldene Nektar von Château Yquem. Für viele ist der edelsüße Yquem gar der größte Wein der Welt. Der Château Yquem wächst auf einem insgesamt 104 Hektar großen Rebberg, in dessen Mitte wie eine Trutzburg das mittelalterliche Château mit der Kellerei thront. Auf den Besucher wirkt das Gut wie ein verwunschenes Schloss: Alle Wege führen rund herum, doch hinein findet man nie … Die Weine Yquems sind das Resultat einer ganz besonderen Lese- und Keltertechnik. Jedes Detail wird hier gepflegt, und ein Rebstock gibt nicht mehr als ein Glas eines unglaublich verführerisch nach Aprikosen, Mandeln, Limonen, Minze, Kamille und allen möglichen Gewürzen duftenden, honigsüßen Nektars, den man bereits nach acht bis zehn Jahren genießen darf, der aber ganze Jahrhunderte reifen kann … Seit mehreren hundert Jahren steht das Gut im Besitze der Familie Lur-Saluces. Rar und sehr teuer.

Château Pétrus ★★★★★ ➄
Pomerol

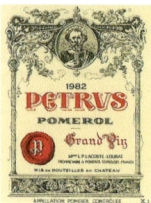

«Château» Petrus ist ein einfaches, farbloses Hofgebäude, umgeben von etwas mehr als einem Dutzend Hektar Reben. So unscheinbar wirken das Gehöft und die dazu gehörenden Reben, dass der Besucher kaum glauben kann, dass hier einer der größten, gesuchtesten und teuersten Rotweine der Welt entsteht. Das Gut gehört heute dem Imperium von Christian Moueix, der in Saint-Emilion und Pomerol, aber auch in Fronsac eine ganze Anzahl weiterer, ausgezeichneter Weine erzeugt und viele andere an Exklusivität übertrifft. Weinmacher ist Jean-Claude Berrouet, für viele der bedeutendste der aktiven Bordelaiser Önologen. Der Wein von Château Pétrus ist tatsächlich ein Meisterwerk. Von vollem, sattem Bau, mit einem Füllhorn fruchtiger und würziger Aromen, ist er geradezu der Inbegriff des weichen, samtenen Seelentrösters, des durch und durch himmlischen, mundfüllenden Tropfens und eine Art Tor zum Paradies auf Erden.

Château Léoville-Las Cases ★★★★★ ➄
Saint-Julien

Dieses Gut ist offiziell nur ein zweitklassiertes Gewächs, steht aber in allen inoffiziellen Ranglisten auf der gleichen Stufe wie die vorgenannten Güter. Der 95 Hektar große Rebberg dieses Spitzengewächses grenzt direkt an die Parzellen von Château Latour. Im Gegensatz zu diesem liegt es auf den Böden der Gemeinde Saint-Julien. Verwaltet wird das Gut von der Familie Delon. Die komplexen Weine zeugen vom Können ihrer Besitzer und wirken majestätisch wie das steinerne Tor des Weinberges, das wie ein Wahrzeichen über die Landschaft ragt. Léoville-Las Cases besitzt die Klasse eines Premier Cru – und ist heute auch fast so gesucht und teuer. Er ist von perfekter Machart, kräftig und voll im Mund und doch voller Eleganz und Finesse. Empfehlenswert für Einsteiger: der sogenannte Zweitwein Clos du Marquis ★★★ ➃, in ähnlichem Stil gehalten, aber schneller zugänglich und weniger teuer.

SPITZENWEINE MÉDOC

Natürlich möchten sie alle Premiers Crus sein, die besten zweit- und drittklassierten Güter des Médoc, die besten Crus Classés der Graves und aus Saint-Emilion. Seien wir ehrlich: Was die Qualität anbelangt, sind sie es praktisch. Nur mit dem Prestige hapert's ein wenig. Dafür kosten sie auch nur die Hälfte. Einige Flaschen solcher Weine sollte man im Keller haben für besondere Gelegenheiten ...

Château Cos d'Estournel ★★★★★ ❺
Saint-Estèphe

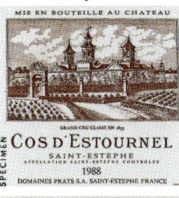

Das zweitklassierte Château mit seinem exzentrischen, pagodenähnlichen Bau thront über einem flachen Hügel zwischen Saint-Estèphe und Pauillac, direkt gegenüber dem berühmten Nachbarn Lafite. Cos ist das Werk des Louis-Gaspard d'Estournel, der zu Beginn des 19. Jahrhunderts dem Wein diesen würdevollen Tempel errichten ließ und sich mit diesem Vorhaben völlig ruinierte. Das eigentliche Château ist auch kein Wohnsitz, sondern beherbergt hinter seiner orientalischen Kulisse modernste Kelleranlagen. Vor kurzem wurde das Gut durch den Konzern Bernard Taillan übernommen. Die Weine zeichnen sich durch einen hohen Grad an Perfektion aus. Trotz kräftiger, herber Struktur sind sie von einer Ausgewogenheit, die sie auch für den Neuling interessant machen. Auch die sogenannt kleineren Jahre (1991, 1993) sind empfehlenswert.

Château Montrose ★★★★ ❺
Saint-Estèphe

Seit 1896 steht Montrose im Besitz der Familie Charmolüe. Unter Weinkennern wird der Wein des Gutes auch als Château Latour von Saint-Estèphe bezeichnet. Dies bezieht sich auf seine herbe, kantige Art, die ihn oft unnahbar erscheinen lässt. Seine Rebberge erstrecken sich über 68 Hektar parallel zur Flussmündung der Gironde. Die außergewöhnliche Nähe zum Fluss sichert dem Weingut ein ganz besonderes Mikroklima mit geringen Temperaturschwankungen, Frühjahrfröste sind hier selten. In ihrer Jugend wirken die Weine von Montrose verschlossen, um nicht zu sagen abweisend, gewinnen aber im Alter (zehn Jahre und mehr) an Finesse, besitzen dann viel Fülle und eine erstaunliche Länge. Recht teuer.

Château Grand-Puy-Lacoste ★★★★ ❹
Pauillac

Lange galt Grand-Puy-Lacoste als Geheimtipp unter den Weinfreunden. Seine Weine besitzen Kraft und Tiefe und reifen ausgezeichnet. Besitzt den Status eines Deuxième Cru, auch wenn es offiziell nur fünftklassiertes Gewächs ist.

Château Lynch-Bages ★★★★ ❹
Pauillac

1934 erwarb der ehemalige Dorfbäcker Jean-Charles Cazes Lynch-Bages buchstäblich für ein Butterbrot. Jean-Michel Cazes, der sich seit 1973 um die Geschicke des Gutes kümmert, hat Lynch-Bages so bekannt gemacht, dass man es heute zu den so genannten «Superdeuxièmes» zählt, zu den Gütern also, die gleich nach den Premiers Crus folgen, auch wenn es offiziell nur den Titel eines 5. Cru Classé trägt. Lynch-Bages wird auch als «kleiner Mouton» bezeichnet. Das ist so falsch nicht: Wie Mouton besitzen die Weine aus dem Keller von Jean-Michel Cazes und seiner Equipe Biss, Fleisch und Opulenz, sind ausgesprochen vollmundig, muskulös und lang. Der Genuss einer Flasche Lynch-Bages ist kein intellektuelles, sondern ein absolut sinnliches Vergnügen!

Château Pichon-Longueville ★★★★ ⑤
Pauillac

1860 wurde das alte Gut Baron de Longueville aus Erbschaftsgründen in zwei Teile gespalten: Château Pichon-Longueville, auch etwa Pichon Baron genannt, und Château Pichon-Longueville-Comtesse-de-Lalande oder kürzer Pichon Comtesse. Seitdem thronen zwei Schlösser diesseits und jenseits der «Route des Châteaux» und belauern sich wie zwei feindliche Krieger. Seit über zehn Jahren gehört Pichon-Longueville zum Imperium des Versicherungsriesen AXA, der in Bordeaux eine ganze Menge weiterer Weingüter besitzt. Château Hightech nennt man das Gut in Bordeaux hie und da etwas spöttisch und nimmt damit Bezug auf die postmoderne Architektur des 1991 fertig gestellten Gärkellers mit der hypermodernen Kellerausstattung, auf welche die Weinmacher Jean-René Matignon und Daniel Llose zurückgreifen können. Etwas Neid mag in diesem Spott mitschwingen. Denn innerhalb weniger Jahre hat sich der Wein des Gutes vom braven, etwas altväterlich-spröden Médoc zum eigentlichen Superstar entwickelt. Ab dem Jahrgang 1986 kommen aus den Kellern des Baron kraftvolle, konzentrierte und äußerst sauber ausgebaute Weine.

Château Pichon-Longueville-Comtesse-de-Lalande ★★★★ ⑤
Pauillac

Pichon-Longueville-Comtesse-de-Lalande, das zweite der Pichon-Güter in Pauillac, wird seit mehreren Generationen von Frauen verwaltet, zuletzt von der energischen und tatkräftigen May-Eliane de Lencquesaing. Wen erstaunt es da, dass man Pichon Comtesse nachsagt, seine Weine sei femininer, zarter gebaut als die des Nachbaren. Tatsache ist, dass Pichon-Lalande Jahr für Jahr einen höchst zuverlässigen, sanften, mundfüllenden, ausgewo-

genen Wein keltert, der einfach jedermann gefallen muss. Interessant sind hier auch die so genannt kleineren Jahrgänge, etwa 1991 und 1993.

Château Ducru-Beaucaillou ★★★★★ ⑤
Saint-Julien

Lange war Ducru für seinen eigenwilligen, nur schwer nachvollziehbaren, gleichsam intellektuellen Stil bekannt, der ihn nur für Kenner interessant machte – oder für Leute, die besonders alte Weine dieses Gutes im Keller hatten. In den letzten Jahren aber wurde die Weinbereitung völlig umgekrempelt und seit dem Jahrgang 1995 gehört das Gut wieder zur absoluten Spitze der Hierarchie, mit Anspruch auf eine Klassierung als Premier Cru. Die Weine der jüngeren Jahre besitzen viel Fleisch und Saft und die klassische Fruchtigkeit und Eleganz des großen Saint-Julien. Sie reifen 20 Jahre und länger und sollten nur in Ausnahmefällen vor ihrem zehnten Reifejahr entkorkt werden.

Château Gruaud-Larose ★★★★ ④
Saint-Julien

Gruaud-Larose zählt zu den zuverlässigsten Weinen im Médoc, nicht zuletzt wegen eines relativ vernünftigen Preises. Das Weingut besitzt eine ausgezeichnete Weinbergslage im Süden der Gemeinde Saint-Julien. Bis 1993 war es im Besitz des bekannten Handelshauses Cordier. 1997 kam es in die Hände des Konzerns Bernard Taillan, der in Bordeaux eine ganze Menge weiterer Güter besitzt. Gruaud-Larose pflegte lange Jahre einen klassischen, eigenständigen Stil, immer der Eleganz und der Raffinesse verpflichtet. Seit dem Besitzerwechsel hat sich das etwas geändert: Die Weine wirken nun moderner, saftiger, zugänglicher, für ein breites Publikum gemacht, nicht nur für eingefleischte Bordeaux-Trinker.

Château Léoville-Barton ★★★★★ ❹–❺
Saint-Julien

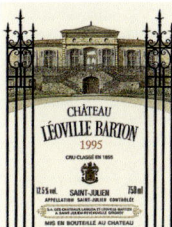

Besitzer Anthony Barton, ein gebürtiger Ire, dessen Familie aber seit dem 18. Jahrhundert in Bordeaux ansässig ist und Karriere als Weinhändler und Gutsbesitzer gemacht hat, gehört zu den Weinpersönlichkeiten des Bordelais. Seine Bescheidenheit und sein trockener Humor sind geradezu sprichwörtlich. Das riesige Gut Léoville mit rund 200 Hektar Rebbergen in Saint-Julien stand bereits vor der französischen Revolution im Besitz seiner Familie. In den Wirren dieser stürmischen Periode wurden die Bartons enteignet. Der Besitz wurde dreigeteilt: Nur ein Teil kam in der Restauration wieder an die Familie. Dies erklärt, warum heute drei verschiedene «Léoville»-Weine abgefüllt werden. Léoville-Barton ist ein eleganter, feingliedriger, vollmundiger Wein allererster Güte, auch in kleinen Jahren äußerst angenehm. Er reift Jahrzehnte und macht doch schon nach vier, fünf Jahren Freude… Er gehört mit zu den preisgünstigsten Weinen seiner Klasse.

Château Palmer ★★★★★ ❺
Margaux

In der ersten Hälfte des 19. Jahrhunderts investierte der britische General Charles Palmer sein ganzes, nicht unbeträchtliches Vermögen in die Weinberge bei Margaux. Er vergrößerte die Besitzung auf über 80 Hektar Reben. Dass er sich dabei ruinierte und schließlich verkaufen musste, lag nicht nur an seiner fehlenden Erfahrung und Geschäftstüchtigkeit, sondern auch am Stil seiner Weine, die als ungewöhnlich delikat und fein duftend beschrieben wurden und wenig dem Geschmack der damaligen Zeit entsprachen. Seit 1938 ist das Gut im Besitz der Weinhändlersfamilien Sichel und Mähler-Besse. Das Kernstück der heute 45 Hektar Rebgärten

von Château Palmer grenzt an die Rebgärten von Château Margaux und bringt einer der komplettesten Weine aus Bordeaux hervor. Im inoffiziellen Klassement folgt er direkt auf die Premiers Crus wie Margaux, Latour oder Lafite. Recht teuer.

SPITZENWEINE GRAVES

Domaine de Chevalier ★★★★ ❺
Pessac-Léognan

Seit 1983 steht das inmitten einer weiten Waldlichtung gelegene Gut im Besitz der bekannten bordelaiser Weinhandelsfamilie Bernard, Verwalter ist Olivier Bernard. Der bekannte Önologieprofessor Emile Peynaud kommentierte den Rotwein des Gutes wie folgt: «Fast alles ist außergewöhnlich an diesem Wein, seine tiefe Farbe, seine aromatische Lebendigkeit und die Entwicklung seiner kräftigen und doch geschmeidigen Tannine.» Die Rotweine der Domaine de Chevalier geraten selbst in so genannt schwächeren Jahren besonders zartgliedrig, elegant, fein und ausgewogen, ohne dabei auch nur im Entferntesten schwächlich zu wirken. In ihrer Jugend besitzen sie charakteristische, an Kaffee und Vanille erinnernde Aromen und ihre Gerbstoffe sind so fein gearbeitet, dass die Weine bereits im Alter von vier, fünf Jahren viel Freude machen. Die raren und teuren Weißen ★★★★★ ❺ hingegen sind für ein langes Leben gemacht. Sie präsentieren sich opulent und fleischig und besitzen Nerv und Kraft.

Château Haut-Bailly ★★★★★ ❹–❺
Pessac-Léognan

Haut-Bailly besitzt zweifellos eines der besten Weinbauterroirs des Bordelais. Das erklärt zumindest zum Teil die außerordentliche Güte des Weins. Seinen ganz persönlichen Stil voller Noblesse und Eleganz verdankt es aber auch dem Einsatz seines langjährigen Meisters, Jean Sanders. Er führte das Gut, das sein aus Belgien stammender Vater 1955 erwarb, von Anfang der Siebziger- bis Ende der Neunzigerjahre: Vor kurzem wurde es aus Erbschaftsgründen an einen amerikanischen Geschäftsmann verkauft. Haut-Bailly gehört mit zu den eigenständigsten, schönsten Gewächsen des Bordelais. Kleine wie große Jahre versprechen höchstes Trinkvergnügen. Von allererster Güte bei verhältnismäßig vernünftigem Preis.

Château La Mission-Haut-Brion ★★★★★ ⑤
Pessac-Léognan

La Mission-Haut-Brion wird von der gleichen Equipe verwaltet, die auch für das benachbarte Haut-Brion zuständig ist. Seit 1983 steht es im Besitz der Nachfahren von Clarence Dillon. La Mission ist in der Regel etwas früher trinkreif als Haut-Brion, wirkt häufig opulenter, fruchtiger, vollmundiger und zugänglicher, was bei Vergleichsproben in jungen Jahren nicht selten dazu führt, dass man ihn seinem prestigeträchtigeren Nachbaren vorzieht. Er altert dennoch ausgezeichnet.

Château Pape Clément ★★★★ ⑤
Pessac-Léognan

1305 wurde Bertrand de Goth, der jüngste Sohn einer reichen Familie aus Bordeaux, als Clemens der Fünfte zum Papst ernannt. Besonders am Herzen lag ihm sein Rebberg in Pessac, den er bald zum Modell des damaligen Rebbaus werden ließ. Seit 1937 ist das «Château des Papstes Clemens» im Besitz der Familie Montagne. Nachdem das Gut zwischen 1975 und 1985 eher schwierige Zeiten durchmachte, hat es mit dem 1986er wieder zu dem Stil zurückgefunden, dem es seinen guten Ruf verdankt. Seine Weine geraten tieffarben, kräftig und mundfüllend, sie besitzen ein hervorragen-

des Reifepotenzial und charakteristische Aromen, die immer etwas an Teer und Rauch erinnern. Pape Clément liegt ähnlich wie Haut-Brion mitten in der Vorstadt Pessac, nur 8 Kilometer von Bordeaux entfernt. Seit kurzem ist auch ein fruchtiger, verführerischer, allerdings ziemlich rarer Weißwein ★★★ ⑤ auf dem Markt.

SPITZENWEINE SAINT-EMILION

Château Angélus ★★★★★ ⑤
Saint-Emilion

Château Angélus ist ein vergleichsweise junges Gut. Wenn es heute zu den bedeutendsten Weingütern des Bordelais gehört, ist dies Verdienst der Familie Boüard de Laforest, in Saint-Emilion ansässig seit 1850. In den Achtzigerjahren wurde das Gut von Grund auf renoviert, ausgebaut und mit neuen Gebäuden, Kelteranlagen und Kellern versehen. Heute kümmert sich Hubert de Boüard, ausgebildeter Önologe, zusammen mit seinem Cousin Jean-Bernard Grenié um das Gut. Nicht zuletzt ihren manchmal unkonventionellen, immer aber intelligenten Methoden ist es zu verdanken, dass Angélus seit 1988 zur absoluten Spitze von Saint-Emilion gehört und kürzlich in die Spitzengruppe der Premiers Cru Classés aufsteigen konnte, was im traditionsbewussten Bordelais schon einer Sensation gleichkommt. Die Weine von Angélus besitzen eine tief dunkle Farbe, ein vielschichtiges, verführerisches Bukett mit Aromen von Kaffee, Lakritze, Blumen und Früchten und einen extrem vollen, satten Bau. Ein umworbener und teurer Wein für Kenner.

Château Beau Séjour Bécot ★★★★ ⑤
Saint-Emilion

Beau Séjour Bécot wird von den Brüdern Dominique und Gérard Bécot verwaltet. Perfektionistische Arbeit im Rebberg und im Keller ergeben einen großartigen, Jahr für Jahr zu den besten seiner Appellation zählenden Tropfen voller Eleganz und Rasse, der – nach fünf, sechs Jahren der Reife – einfach jedermann gefallen wird.

Château Belair ★★★★ ❹–❺
Saint-Emilion

Der Macher von Belair heißt Pascal Delbeck. Wein ist seine große Leidenschaft: Wer ihm beim Schaffen zusieht, begreift, warum Belair so viel Eigenständigkeit bewahrt hat in einer Zeit, in der sich Weingüter mehr und mehr internationalem Standard anpassen. «Ich bin halt ein bisschen Anarchist», meint Pascal Delbeck dazu fast entschuldigend. Belair erzeugt mit den schönsten, eigenständigsten, aber auch am meisten unterbewerteten Wein des Bordelais. Dank ihrer dezenten Fruchtigkeit, ihrer Finesse und Eleganz bereiten sie höchstes Trinkvergnügen schon in ihrer Jugend, reifen aber dennoch eine Ewigkeit.

Château Figeac ★★★★★ ❺
Saint-Emilion

Figeac, obschon als Weinbaubetrieb fast zwei Jahrtausende alt, ist in seiner heutigen Form das Werk eines Mannes: Thierry Manoncourt, der sich seit 1947 mit viel Liebe und geradezu pharaonischem Ehrgeiz um das Gut bemüht. Thierry Manoncourt gehört denn auch mit zu den großen Weinpersönlichkeiten der Welt. Figeac besitzt einen ganz unverkennbaren Stil. Dies hat mit den für Saint-Emilion besonderen Böden – Kieskuppen, ähnlich wie im Médoc – und dem verhältnismäßig hohen Anteil der Sorten Cabernet Sauvignon und Franc zu tun. Filigran und leicht in seiner Jugend, entwickelt er mit der Reife ein unglaublich frisches, vielschichtiges Bukett und behält auch nach zehn, fünfzehn Jahren der Reife seine ganze Frische und Rasse. Ein Wein für Liebhaber.

Château Grand-Mayne ★★★★ ❹–❺
Saint-Emilion

Zwei Jahrhunderte lang war die Familie Laveau im Besitz von Château Grand-Mayne. Heute ist der ursprüngliche Rebberg von 138 auf 21 Hektar zusammengeschrumpft.

Heutiger Besitzer ist Jean-Pierre Nony, der Grand-Mayne dank unermüdlicher Arbeit in die Spitzengruppe der Bordeaux-Güter hat hieven können. Grand-Mayne pflegt einen resolut modernen Stil, seine Weine geraten kräftig und rassig und müssen unbedingt acht, zehn Jahre reifen. In jungen Jahren wirken sie oft kantig und etwas abweisend. Ein Wein für Kenner.

SPITZENWEINE POMEROL

Château La Conseillante ★★★★★ ❺
Pomerol

Die Familie Nicolas ist seit 1871 Eigentümer der «Trösterin» (französisch: la Conseillante). Seinen Ruf verdankt es seinen raren, schwer erhältlichen und verhältnismäßig teueren Weinen, die von außergewöhnlichem Liebreiz und beispielhafter Feinheit sind. Gehört mit zu den eigentlichen Weinlegenden des Bordelais. Wegen ihres hohen Preises und ihrer Rarität aber dem erfahrenen Kenner vorbehalten.

Château L'Evangile ★★★★★ ❺
Pomerol

L'Evangile ist eine der Weinlegenden des Bordelais. Die Familie Ducasse ist seit mehreren Generationen im Besitz des Gutes. 1990 entschloss sich die hochbetagte Verwalterin Madame Ducasse zu einem Teilverkauf an die Domaines Barons de Rothschild (Lafite). Der 14 Hektar große Rebberg ergibt einen unglaublich fein duftigen, sanften, vollmundigen Wein, der bereits nach vier, fünf Jahren der Reife Freude bereitet, aber auch weit länger reifen darf. Ein Wein für Kenner.

Château Gazin ★★★★★ ⓢ
Pomerol

Das heutige Landgut Château Gazin war im 15. Jahrhundert nur ein kleiner Bestandteil eines stolzen Landbesitzes von nahezu 90 Hektar Land, Wald und Heide. Die 23 Hektar Rebland liegen auf dem lehm- und kieselhaltigen Plateau von Pomerol in unmittelbarer Nachbarschaft von Pétrus und L'Evangile. Heute kümmert sich Nicolas de Baillencourt um das Gut, das seit Generationen im Besitz seiner Familie steht. Mit viel Erfolg – nach einer längeren Durststrecke gehört das Gut seit Anfang der Neunzigerjahre wieder zur absoluten Spitze. Gazin ist ein kleiner Pétrus: kräftig, vollmundig, lang anhaltend, mit gutem Reifepotenzial. Wird leider immer teurer.

Château Trotanoy ★★★★★ ⓢ
Pomerol

Trotanoy ist ein Wort des örtlichen Dialektes. Es bezieht sich auf die Eigenart der Böden des Gutes, die stark kies- und lehmhaltig und daher bei schlechter Witterung besonders schwierig zu bearbeiten sind. 1953 erstand die Familie Moueix den Besitz. Für viele Weinfreunde zählt Trotanoy nach Pétrus, das dem gleichen Besitzer gehört, zu den Besten aller Pomerols. Trotanoy pflegt einen der Rasse und der Kraft verpflichteten Stil. In seiner Jugend mag er abweisend wirken, reift aber in etwa zehn Jahren zu einem äußerst vollmundigen, sanften Tropfen heran. Ein hervorragender Wein für Kenner.

Vieux Château Certan ★★★★★ ⓢ
Pomerol

Vieux Château Certan ist seit 1924 im Besitz der belgischen Händlerfamilie Thienpont. Sein Wein gehört seit langer Zeit zu den besten und regelmäßigsten aller Bordeaux. Das hat leider Einfluss auf den (hohen) Preis, den man für dieses Gewächs bezahlen muss. Ein besonderes Mikroklima zeichnet die Lagen der Rebberge aus, die sich auf den lehm- und sandhaltigen Terrassen über fast 14 Hektar erstrecken. Das ergibt Weine von ganz besonderem Stil, finessenreich, elegant und voller Noblesse.

SPITZENWEINE SAUTERNES

Billig können sie gar nicht sein, die der Natur abgerungenen, höchst aufwändig herzustellenden öligen, edelsüßen Weine aus Sauternes. Lieber nur wenige Flaschen davon im Keller haben, aber einige der Besten!

Château Rieussec ★★★★★ ⓢ
Sauternes

Rieussec thront auf einer Art Aussichtsplattform höher noch als sein berühmter Nachbar Yquem. Die 66 Hektar Rebberge sind zu 90 Prozent mit Sémillon bestockt und produzieren einen der verblüffendsten Weine von Sauternes. Nicht umsonst schrieb Charles Mayet zum Ende des letzten Jahrhunderts über diesen märchenhaften Tropfen: «Rieussec gehört zu den herrlichen Weinen, die den Eindruck erwecken, die Sonne in der Flasche zu enthalten …» Albert Vuillier, der 1971 das Weingut übernahm, trat 1985 einen Teil an die «Domaines de Barons de Rothschild» ab, bereits Besitzer namhafter Güter wie Lafite-Rothschild und Duhart-Milon. Von unglaublich satter, dichter Süße, reift ein Rieussec jahrzehntelang. Einer der größten Süßweine des Bordeaux. Die kleinen Jahre (1992, 1993) sind auch für Anfänger interessant.

Château La Tour-Blanche ★★★★★ ⑤
Sauternes

In der Klassierung von 1855 stand Château La Tour-Blanche an der obersten Stelle direkt hinter Yquem. 1909 wurde das Gut dem französischen Staat vermacht, mit der Auflage, hier eine Weinbaufachschule zu betreiben. La Tour-Blanche ist daher nicht nur Weingut, sondern auch Ausbildungsstätte. Dank großzügiger Investitionen und kompetenter Leitung ist das Gut mit dem Jahrgang 1986 an die Spitze der Hierarchie zurückgekehrt. Saftige Frucht und voller Körper charakterisieren den Süßwein, der besonders in den kleineren Jahren (1993, 1994) auch für den Einsteiger interessant ist.

Château Climens ★★★★★ ⑤
Barsac

Climens wurde Ende des 16. Jahrhunderts erstmalig als Weingut erwähnt und wechselte im Laufe der Jahrhunderte mehrmals den Besitzer. 1971 kam es in den Besitz von Lucien Lurton, der es vom Keller bis zum Dach vollkommen renovierte. 1992 übernahmen seine beiden Töchter Brigitte und Bérénice die Verwaltung. Climens ist ein Wein für Kenner, mit geradezu unglaublicher Konzentration und Komplexität, von vollendeter Harmonie und hervorragender Länge. Er kann eine Ewigkeit reifen und sollte möglichst nicht vor seinem fünfzehnten Jahr geöffnet werden.

Château Doisy-Daëne ★★★★ ⑤
Barsac

Die Domäne mit ihren 14 Hektar steht für einen der feinsten Barsac-Weine. Kein anderer als Denis Dubourdieu, einer der bekanntesten bordelaiser Weintechniker und Spezialist für Weißweine, ist Mitbesitzer von Doisy-Daëne, neben seinem Vater Pierre, der Mitte der Sechzigerjahre dem Rebberg durch den Aufkauf einiger Hektar des benachbarten Château Doisy-

Dubroca wieder zu seiner ursprünglichen Größe verhalf. Doisy-Daëne ist einer der angenehmsten, zugänglichsten Barsac. Fülle, Eleganz und Aromareichtum zeichnen ihn aus und machen ihn schon in seiner Jugend zugänglich. Er reift aber problemlos eine Ewigkeit. Auch für Einsteiger.

Château Lafaurie-Peyraguey ★★★★ ⑤
Sauternes

Lafaurie-Peyraguey wird vom Handelshaus Domaines Cordier verwaltet. Technischer Direktor und beratender Önologe ist der kompetente Weinfachmann Georges Pauli. Lafaurie-Peyraguey liegt im Herzen des Sauternais. Die 40 Hektar Rebberge aus Kies über Kalkuntergrund sind zu 90 Prozent mit Sémillon bestockt und zu je 5 Prozent mit Sauvignon und Muscadelle. Lafaurie-Peyraguey ist ein klassischer Sauternes von öliger Süße und erstaunlicher Konzentration, immer aber auch von komplexer Aromatik (Minze, Eukalyptus, Kamille) und großer Eleganz.

Château de Malle ★★★★ ③
Sauternes

Dank seiner verspielten Architektur und dem malerischen italienischen Garten ist Malle zweifellos das anmutigste Weingut im Sauternes. Es wurde bereits im 17. Jahrhndert gegründet. Heute steht es unter der Leitung der Comtesse de Bournazel. Von den 200 Hektar Land sind 50 mit Reben bestockt. Sie liegen in den Gemeinden Preignac und Fargues, zwei der fünf Gemeinden der Appellation Sauternes. Die Weine von Malle geraten betont füllig und weich und besitzen verführerische Aromen exotischer Früchte, was sie auch für den Anfänger zugänglich macht.

DIE GUTEN TIPPS: MÉDOC

Auf Grund der Preissteigerung in Bordeaux sind auch so genannt günstige Bordeaux zurzeit sehr teuer. Zudem sind die Preisunterschiede von Anbieter zu Anbieter sehr verschieden. Nachfolgend eine Anzahl Weine, die man entweder direkt in Bordeaux oder bei einem guten und seriösen Händler noch zu knapp unter 30 DM erstehen kann – am besten «en Primeur», in Subskription (siehe Seite 72).

Château Tour du Haut-Moulin ★★★ ❸
Haut-Médoc

Château Tour du Haut-Moulin kann zwar mit keinem prachtvollen Schloss prahlen, aber dafür mit hervorragenden Weinen, die seit mehreren Jahrgängen zu den besten Cru Bourgeois zählen. Bescheidenheit gehört zum Charakter seiner Besitzer, den Geschwistern Béatrice und Lionel Poitou. Satte und volle Frucht zeichnen diesen Wein ebenso aus wie kräftiger, kerniger Bau. Er macht bereits im Alter von sechs, sieben Jahren Freude, reift aber bestens zehn Jahre und länger. Ein unschlagbares Preis-Leistungs-Verhältnis, macht sie besonders für Einsteiger interessant. Wer ins Bordelais reist, sollte dieses Gut in Cussac Fort-Médoc unbedingt besuchen!

Château Grandis ★★★ ❸
Haut-Médoc

Ein kleines, verwunschenes Märchenschlösschen in Saint-Seurin de Cadourne im Haut-Médoc, wo man im Sommer immer noch anklopfen, ein paar Flaschen ergattern und nach Hause tragen kann – solange jedenfalls, bis nicht mehr Weinfreunde merken, welch erstklassige Weine hier produziert werden. Château Grandis steht für einen unerhört kräftigen, saftigen, herben Wein, der zwanzig Jahre reifen kann.

Château Le Bosq ★★★ ❸–❹
Saint-Estèphe

Ein wenig bekanntes Gut in Saint-Estèphe, das über das bekannte Handelshaus CVBG Dourthe-Kressmann vertrieben wird. Die Weine besitzen überschwengliche Frucht und herbe Fülle und altern ausgezeichnet.

Château d'Arche ★★★★ ❸-❹
Haut-Médoc

Seit wenigen Jahren wird dieses Gut durch das bekannte Handelshaus Mähler-Besse verwaltet, ebenfalls Mitbesitzer von Château Palmer in Margaux. D'Arche liegt in Ludon im Haut-Médoc und besitzt besonders gut unterhaltene Rebberge, die Weine außerordentlicher Finesse und Eleganz ergeben. Lange waren sie buchstäblich für ein Butterbrot zu haben, doch mittlerweile ziehen die Preise etwas an. Man sollte sich beeilen, davon noch ein paar Flaschen zu ergattern. Nicht direkt ab Gut erhältlich, aber im Bordeaux-Fachhandel.

Château Larose-Trintaudon ★★ ❸
Haut-Médoc

Das Gut bietet vor allem einen riesigen Vorteil: es produziert Weine, die man auch im Supermarkt findet. Das ist kein Wunder, angesichts der Größe des Gutes, das annähernd eine Million Flaschen erzeugt! Larose-Trintaudon besitzt ausgezeichnete Rebberge bei Saint-Laurent im Haut-Médoc. Dies erklärt, warum die Weine trotz dieser fast industriell anmutenden Produktion von großer Zuverlässigkeit sind. Es handelt sich um ausgewogene, frische, klassische Bordeaux, die schon jung getrunken viel Freude machen, aber auch ausgezeichnet reifen können. Kein Direktverkauf, aber leicht erhältlich.

Château Malescasse ★★ ❸
Haut-Médoc

Auch dieser sehr zuverlässige und immer noch preiswerte Wein ist sehr gut vertrieben. Die ausgezeichneten Rebberge bei Cussac liefern einen kräftigen, kompakten, herben, klassischen Médoc, der besser einige Jahre reift, bevor er auf die Tafel kommt. Passt gut zu Wild und Wildgeflügel. Kein Direktverkauf, aber auch im Großverteiler erhältlich.

Fronsac ist die eigentliche Aufsteiger-Appellation in Bordeaux. Die besten Weine besitzen die Fülle und die Kraft eines Pomerol und kosten doch nur die Hälfte. Langsam werden auch Kenner auf die Appellation aufmerksam, und die Preise steigen leider. Die drei nachfolgend aufgeführten Güter aus Saillans bei Fronsac verkaufen grundsätzlich nicht direkt, werden aber für Leser dieses Guide eine Ausnahme machen. Fragen Sie auch nach den (günstigeren und ebenfalls interessanten) so genannten Zweitweinen!

Château Villars ★★★★ ❸
Fronsac

Château Villars steht seit sechs Generationen im Besitz der Familie Gaudrie. Der 29 Hektar große Rebberg liegt in Hanglage in optimaler Ausrichtung. Tradition und moderne Önologie bilden ein harmonisches Gefüge, mitunter dank der technischen Erfahrung des gelernten Weinfachmannes Thierry Gaudrie, der das Gut heute leitet. Die jüngeren Jahrgänge, 97, 95 und 94, zeichnen sich durch elegante Fruchtigkeit und satte Fülle aus. Ihre optimale Trinkreife erreichen sie im Alter von sechs bis fünfzehn Jahren. Guter Einsteigerwein.

Château Moulin-Haut-Laroque ★★★★ ❸
Fronsac

Die Familie ist seit 1607 im Dörfchen Saillans bei Fronsac ansässig. Heute bewirtschaftet einer der Nachkommen, Jean Noël Hervé, ein 13 Hektar großes Weingut mit Reben, die teilweise ein geradezu kanonisches Alter aufweisen. «Ein Sportler kann nur unter Belastung und Mühe einen Rekord brechen. Genau das verlange ich auch von meinen Reben. Im Gegenstück dazu gewähre ich ihnen ausgesprochen geringe Erträge», so der leidenschaftliche Weinmacher Jean Noël Hervé. Die Weine dieses Perfektionisten besitzen immer eine satte, tiefe Farbe, vielschichtige, volle Aromen und dichte,

kräftige Frucht. Sie reifen ausgezeichnet und sollten nicht vor zehn, fünfzehn Jahren nach der Ernte entkorkt werden. Für Kenner mit beschränktem Budget.

Château Dalem ★★★ ❸
Fronsac

Der Altmeister des Fronsac und einer der Pioniere der Qualitätspolitik. Dalem steht für liebenswürdige, gefällige, freundliche Weine, die einfach jedermann gefallen müssen. Sie schmecken ausgezeichnet schon in ihrer Jugend, und reifen doch ausgezeichnet. Fürs Familienfest.

Château Les Jonqueyres ★★★ ❸
Côtes de Blaye

Pascal Montaut ist einer der besten der jüngeren Weinmacher in Bordeaux. Mit 21 Jahren übernahm er den Betrieb in Saint-Paul-de-Blaye von seinem Großvater, mit Merlot-Reben, von denen einige über 100 Jahre alt waren. Mitte der Achtzigerjahre machte er das erste Mal auf sich aufmerksam und seitdem gehören seine kernigen, kräftigen, charaktervollen Weine, die mindestens acht bis zehn Jahre reifen sollten, Jahr für Jahr zu den Besten ihrer Art. Der so genannte Zweitwein ist ebenfalls interessant. Direktkauf möglich.

Château La Raz-Caman ★★★ ❸
Côtes de Blaye

Eines der Güter aus einer so genannten Randappellationen, von denen man in den nächsten Jahren einiges hören wird. Der Jahrgang 1996 ist hier besonders gelungen und hält mit den besten Crus bourgeois des Médoc mit. Er besitzt Fleisch und Frucht und Saft und macht schon nach 3 – 4 Jahren Freude, reift aber 10 Jahre und länger. Direktkauf möglich.

GUTE KLEINE CHÂTEAUX

Château Bonnet ★–★★★ ❷
Bordeaux
Schlossherr André Lurton wurde hier geboren.
Karriere hat er in den Graves gemacht, wo ihm
eine handvoll bekannter Güter gehören. Auf
Château Bonnet produziert er aber immer noch
höchst zuverlässige und sehr gut erhältliche
Rot-, Weiß- und Roséweine, die Kenner wie
Anfänger zufriedenstellen. Direktkauf möglich.

Château Parenchère ★★ ❷–❸
Bordeaux supérieur
Besitzer Jean Gazaniol tut Wunder in einer Ecke
des Bordelais, wo sich sonst Hasen und Füchse
gute Nacht sagen. Seine kräftigen roten
Bordeaux besitzen zwar nicht das Prestige,
dafür aber die Qualität weit teurerer Weine.

Château Penin ★★ ❷–❸
Bordeaux
Höchst zuverlässige Bordeaux jeder Farbe und
eine Cuvée Sélection, die in der Barrique ausgebaut wird. Das Gut in Génissac im Entre-deux-
Mers ist nicht leicht zu finden, verkauft aber
direkt zu günstigen Bedingungen.

Château Tour de Mirambeau ★★ ❷–❸
Bordeaux
Ausgesprochen zuverlässige Rot- und besonders
gelungene Weißweine. Das Gut verkauft nicht
direkt, seine Weine sind aber recht gut verteilt.
Das gilt auch für den ebenfalls ausgezeichneten
Château Rauzan-Despagne und den Château
Bel Air Perponcher des gleichen Besitzers.

Château Thieuley ★★ ❷–❸
Bordeaux
Ausgezeichnete Rot- und Weißweine der
Appellation Bordeaux, die sich einen seriösen
Ruf erworben haben. Besitzer Francis Courselle
zählt zu den besten Weinmachern in Bordeaux
und hat viel für die Anerkennung der sogenannt
kleinen Bordeaux getan. Direktkauf möglich.

GUTE MARKENWEINE

Dieser Begriff bezeichnet Weine, die nicht auf
dem Erzeugergut abgefüllt werden, sondern
durch die großen Handelshäuser von Bordeaux
aus zugekauften Weinen komponiert werden.
Weil diese Weine meist in großer Auflage produziert werden, sind sie vielerorts erhältlich.
Bekanntester Wein dieser Art ist der Mouton-
Cadet. Er schlägt sein Kapital vor allem aus
seiner Namensverwandtschaft mit dem weltbekannten Château Mouton, mit dem er aber
außer dem Namen und dem Produzenten nichts
gemein hat. Er ist deshalb auch verhältnismäßig
teuer; man zahlt hier in erster Linie für den
berühmten Namen.
Ganz im Gegensatz zu folgenden Weinen. Es
handelt sich bei allen um zuverlässige,
bekömmliche Bordeaux fürs kleine Budget. Der
erste Teil bezeichnet den Namen des Weins, der
zweite den Produzenten:

Baron de Luze, A. de Luze et fils ★ ❶–❷
Rotwein, Bordeaux
Beau-Rivage, Borie Manoux ★ ❶–❷
Rotwein, Bordeaux
Beau-Mayne, Dourthe ★ ❶–❷
Bordeaux weiß
Blason Timberlay, Robert Giraud ★ ❷
Rot- und Weißwein, Bordeaux
Réserve des Barons, Calvet SA ★ ❶
Rotwein, Bordeaux
Collection privé, Cordier ★ ❶–❷
Rot- und Weißwein, Bordeaux
Ginestet, Maison Ginestet ★ ❶–❷
Rot-und Weißwein, Bordaux
Maître d'Estournel, Domaines Prats ★ ❷
Rot-und Weißwein, Bordaux
«R» Rauzan Réserve,
Union des Producteurs de Rauzan ★ ❷
Rot- und Weißwein, Bordaux
Sirius, Maison Sichel ★ ❷
Rot-und Weißwein, Bordaux
Michel Lynch, Com. Médocaine ★ ❶–❷
Rot-und Weißwein, Bordaux

Die Vinoteca-Empfehlungen

Hier sind einige Beispiele von Weinen durch alle Preislagen und Kategorien, die sich durch zuverlässige Qualität und Preiswertigkeit auszeichnen. Sie werden alle in größeren Mengen erzeugt, sodass die Chancen gut stehen, sie im Handel (Bezugsquellen S. 76) zu finden. Für Verfügbarkeit und Preisangaben kann allerdings keine Garantie übernommen werden. Die Qualität kann je nach Jahrgang leicht schwanken, die Preise können je nach Verkaufsort variieren.

Weinname	Weincharakter	Qualität	Preise	Lagerfähigkeit	Beispiele zum Essen
Beau Mayne Dourthe (S. 70)	Frischer, fruchtiger Weisswein	★★	❶ – ❷	Jung zu trinken	Aperitif, Umtrunk, Fisch
Château Bonnet Bordeaux rot André Lurton (S. 70)	Einfacher, gut gemachter, gefälliger Rotwein	★★	❷	Optimale Trinkreife 2–6 Jahre	Ausgezeichneter Alltagswein für alle Gelegenheiten
Château Parenchère Bordeaux sup. (S. 70)	Kräftiger, gut auch rassiger Chianti	★★	❷ – ❸	Optimale Trinkreife 2–6 Jahre	Zu kräftigen Speisen, Eintopf, Ragouts
Château Raz Caman Côtes de Blaye (S. 69)	Eleganter, dichter Rotwein	★★★	❸	Optimale Trinkreife 4–6 Jahre	Zum Sonntagsbraten, zu Geflügel.
Château Villars Fronsac (S. 69)	Eleganter, fruchtiger, samtener, hochklassiger Rotwein	★★★ – ★★★★	❸ – ❹	Optimale Trinkreife 4–12 Jahre	Fürs Familienfest, begleitet Grilladen Geflügel und Wild.
Château Larose-Trintaudon Haut-Médoc (S. 68)	Ausgewogener, bekömmlicher Rotwein	★★	❸	Optimale Trinkreife 3–8 Jahre	Für fast alle Gelegenheiten: Zum Umtrunk, Fleischspeisen.
Château le Bosq Saint-Estèphe (S. 68)	Eleganter, unerhört saftiger und fruchtiger Rotwein	★★★	❸ – ❹	Optimale Trinkreife 4–12 Jahre	Zu Geflügel, fürs Fest
Château d'Arche Haut-Médoc (S. 68)	Eleganter, bekömmlicher, verführerischer Rotwein der Spitenklasse	★★★★	❸ – ❹	Optimale Trinkreife 4–12 Jahre	Für besondere Gelegenheiten
Château La Serre Saint-Emilion	Verführerischer, eleganter fruchtiger Wein	★★★	❹	Optimale Trinkreife 4–10 Jahre	Für ein Diner zu Zweit
Château Lagrange Saint-Julien	Kräftiger, fruchtiger, herber Saint-Julien	★★★	❹	Optimale Trinkreife 6–12 Jahre	Zu Wild und Geflügel, für besondere Gelegenheiten
Château Léoville-Barton Saint-Julien (S. 63)	Großer, eleganter vollmundiger Wein	★★★★★	❹	Optimale Trinkreife 4– 20 Jahren	Zu Geflügel und Lamm, für besondere Gelegenheiten

Gut einkaufen

Beim Weinerzeuger

An der Quelle selbst macht das Weinkaufen sicher am meisten Spaß. Sie können vor Ort degustieren und diskutieren, in kleineren Weingütern meist mit dem Inhaber oder Kellermeister persönlich. Sie dürfen sich in den Rebbergen und im Keller umsehen und erhalten so einen guten Eindruck von dem Betrieb.

In Bordeaux ist der Direktkauf auf den meisten kleineren Gütern möglich. Die größeren Güter verkaufen nur an den Besucher, wenn sie über eine spezielle Empfangsstruktur verfügen. Allerdings sind die Preise hier nicht tiefer und manchmal sogar höher als auf dem Markt.

In den Weingeschäften vor Ort

Auch hier sind die Preise kaum niedriger als in der Heimat – Bordeaux ist eben ein klassisches Exportprodukt. Dafür findet man manchmal Weine, die man zu Hause vergebens sucht.

Beim Kauf im Weingebiet beachten

Denken Sie daran, dass der Transport im Kofferraum des Wagens, der bei sommerlicher Hitze unglaublich heiß wird, dem Wein schaden kann. Führen Sie also ihre kostbare Fracht nicht tage- oder gar wochenlang darin herum. Im (klimatisierten) Wageninnern sind die Verhältnisse deutlich besser.

En Primeur

Große Bordeaux kann man «en Primeur» kaufen, das heißt in Subskription. Man bezahlt den Wein, wenn er noch im Fass schlummert, und erhält ihn erst rund anderthalb Jahre später ausgeliefert. Die Preisersparnis beträgt 20 bis 30 Prozent. Allerdings muss man sich schon etwas auskennen – oder sich durch einen Vertrauenshändler beraten lassen, denn irgendwie kauft man ja doch die Katze im Sack.

Im Weinfachgeschäft

Fast jedes Fachgeschäft hat seine Spezialgebiete. Sie sollten in unserem Fall Ausschau nach einem Bordeaux-Spezialisten halten. Ideal ist natürlich, wenn Sie sich «Ihren» Weinhändler

Beurteilung der Einkaufsquellen

Einkaufsquelle	Auswahl	Preise	Verkostung	Beratung	Service
Weingut, Erzeuger	klein	günstig bis hoch	meist möglich	gut	gut
Weingeschäft im Weingebiet	regional gut	normal	manchmal möglich	gut	gut
Weinfachhandel	optimal auch im oberen Bereich	eher hoch	gut bis sehr gut möglich	gut bis sehr gut	sehr kulant
Weinversender	gut bis sehr gut	eher hoch	nur über Probebestellung	gut	sehr kulant
Verbrauchermarkt	gut im unteren Preisbereich	günstig	kaum möglich außer bei Aktionen	minimal	minimal
Messen	sehr unterschiedlich je nach Messe	eher hoch	in der Regel möglich	normal bis sehr gut	normal

aufbauen und einen Fachmann zur Hand haben, dem Sie vertrauen. Als Stammkunde wird er Sie bevorzugt behandeln, er wird sich Zeit zum Fachsimpeln nehmen und Ihnen wertvolle Tipps vermitteln können, besonders wenn er, was meistens der Fall ist, seine Lieferanten persönlich kennt.

Beim Weinversender

Zumindest große Versandhändler haben oft ein interessantes und übersichtlich gestaltetes Angebot. Bordeaux nimmt darin meist eine bevorzugte Stelle ein. Mittels Schnupperpaketen oder -angeboten ist es möglich, sich zu einem Vorzugspreis einzelne Probierflaschen zustellen zu lassen.

Auf Weinmessen

Für viele Leute sind sie Anlass zu einigen Gratis-Gläschen zu kommen. Doch aufgepasst: Im Rummel und vor allem in leicht beschwipstem Zustand hat schon mancher Trinker übereilt gekauft. Wenn bei einer Messe aber in Ruhe verkostet und verglichen und mit dem Aussteller ein vernünftiges Wort gewechselt werden kann, so ist diese Einkaufsquelle durchaus empfehlenswert.

IM LEBENSMITTELHANDEL

In den Supermärkten hat der Wein einen wichtigen Stellenwert und manche der Ladenketten haben sehr erfahrene und gewiefte Einkäufer. Durch die Einkaufsmengen können sie besonders im unteren Preisbereich oft unglaublich günstige Angebot unterbreiten. Im Discount ist dies der Fall bei Aldi, in den Supermärkten Spar, Rewe, Kaiser's, Wertkauf und Eurospar.
In den Weinregalen der Kaufhäuser Kaufhof, Karstadt, Hertie, Horten und besonders im Berliner KaDeWe entdecken Sie teilweise hervorragende Weine. Im Bereich um die 10 bis 20 DM und mit ausgezeichnetem Preis-Leistung-Verhältnis sind Edeka, Tengelmann, Familia Nord oder Globus stark.

12 FRAGEN AN DEN VERKÄUFER

Über die generellen Punkte der bordelaiser Weine, wie Weintypologie, Regionen und Appellationen oder Jahrgänge, wissen Sie jetzt dank diesem Band bestens Bescheid. Was Sie erfragen sollten, sind Einzelheiten und Eigenheiten eines Produzenten und seiner Weine.

- Zu den Traubensorten: Welche sind zu welchen Anteilen in diesem Wein enthalten? Welche Sorte bildet den Hauptanteil?
- Zum Rebbau: Was ist spezifisch für das Terroir des Betriebs, für Kulturform und die Pflanzdichte der Reben?
- Zum Faktor Umwelt: Wie wird produziert – traditionell, integriert (umweltverträglich) oder biologisch?
- Zur Ernte: Wurden die Trauben von Hand gelesen oder maschinell geerntet?
- Zur Weinbereitung: Wie lange dauern Maischezeit und Vergärung.
- Zum Ausbau: Wie lange war der Wein im Tank, im Holzfass oder in der Barrique?
- Zum Produzenten: Wie groß ist der Betrieb? Wie alt ist er? Welches ist der Werdegang des Winzers, wer sind seine Berater (Önologen)?
- Zum Jahrgang: Gab es beim Erzeuger Besonderheiten in diesem Jahr?
- Zum Wein: Was sind die Charakteristiken und zu welchen Gerichten empfiehlt er sich?
- Zur Lagerfähigkeit: Wann ist die optimale Trinkreife erreicht? Wie viele Jahre kann er maximal gelagert werden?
- Wieviel Flaschen wurden von diesem Wein abgefüllt?
- Zu Auszeichnungen: Hat das Weingut oder der Wein irgendwelche Auszeichnungen erhalten oder Prämierungen gewonnen?

Detaillierte Informationen über den Einkauf von Wein finden Sie im Vinoteca-Band «Einkaufs-Guide Wein».

Klug einkellern

Auf diesen Seiten vermitteln wir Ihnen einige Anregungen und Ratschläge für den Einkauf von Bordeaux-Weinen und den Aufbau eines kleinen Vorrats oder gar einer Bordeaux-Abteilung in Ihrem Weinkeller.

Zur Einkaufsplanung

Am besten legen Sie sich einen Einkaufs- oder Einlagerungsplan zurecht. Anhand des kleinen Schemas unten können Sie dann Ihren Jahresbedarf an Flaschen und das erforderliche Budget abschätzen.

Kreuzen Sie bei jedem Punkt im Schema an, was für Sie zutrifft, und setzen Sie in der letzten Kolonne die über den Spalten genannten Punktzahlen ein:

	3	2	1	Punkte
Stellenwert von Bordeaux	hoch	mittel	gering	
Eigene Lagermöglichkeiten	ideal	beschränkt	gering	
Weinkonsum pro Woche	mehr als 5 Fl.	bis 5 Flaschen	bis 2 Flaschen	
Total Punkte				

Aufgrund der Punktzahl haben wir Ihnen einige Vorschläge ausgearbeitet, die sie natürlich noch ganz nach Ihren eigenen Vorlieben und Bedürfnissen variieren können.

8 – 9 Punkte

Sie sind ein ausgesprochener Bordeaux-Fan und Weinfreak zugleich. Für Sie kommt nur das Beste in Frage. Richten Sie in Ihrem Weinkeller eine Ecke dafür ein und pflegen Sie diesen Vorrat. Mit 3000 Mark müssen Sie dabei rechnen.

Alltagsweine ♥ rot und ♀ weiß

24	Flaschen zum baldigen Konsum	DM	300,–
	Sonntagsweine, trinkreife Jahrgänge		
12	Flaschen festlicher Rotwein ♥	DM	500,–
	Lagerweine für große Gelegenheiten		
12	Flaschen Lagerweine ♥	DM	1200,–
6	Flaschen Super-Bordeaux ♥	DM	1000,–
3	Flaschen großer Sauternes	DM	200,–
57	Flaschen insgesamt	DM	3200,–

5 – 7 Punkte

Sie haben viel übrig für Bordeaux und seine Weine. Sie sollten einen schönen Querschnitt an Gewächsen im Vorrat haben. Rechnen Sie mit ca. 1000 Mark.

12	Alltagsweine, rot oder weiß ♥♀	DM	200,–
6	Sonntagsweine (trinkreif) ♥	DM	200,–
6	Lagerweine / Super-Bordeaux ♥	DM	500,–
24	Flaschen insgesamt	DM	900,–

3 – 4 Punkte

Bordeaux ist für Sie eine Weingegend unter vielen. Sie werden sich also einige schöne Flaschen bereit halten und wenn immer Sie die Lust auf einen Bordeaux überkommt, eine davon entkorken. Rechnen Sie mit einer Investition von 400 Mark.

6	Flaschen Trinkweine ♥♀	DM	100,–
3	Flaschen Sonntagsweine ♥	DM	100,–
3	Flaschen Lagerweine ♥	DM	200,–
12	Flaschen insgesamt	DM	400,–

Kostbare Bordeaux-Weine werden ein, zwei Stunden vor dem Servieren entkorkt und in einer Weinwiege bereit gestellt.

Richtig servieren

Bordeaux sind Lagerweine. Sie reifen mitunter jahrzehntelang. Solche lange verschlossenen Weine verlangen natürlich einen ganz besonderen und sorgfältigen Umgang. Als Erstes muss die Flasche gemächlich von der Horizontale in die Vertikale gebracht werden, damit der Bodensatz nicht zu sehr aufgewirbelt wird. Auf jeden Fall sollte die Flasche vor dem Service ein paar Stunden schräg in einer Weinwiege liegen oder aufrecht stehen, damit sich der Bodensatz wieder absetzen kann.

Direkt aus der Flasche sollte man nur junge, einfache Bordeaux servieren. Alle anderen Weine – auch gereifte weiße und edelsüße Bordeaux – gibt man eine Stunde vor dem Service in eine Karaffe. Dieses Dekantieren, wie der Weinkenner sagt, belüftet den Wein, reinigt das Bukett von unerwünschten, dumpfen Düften, die durch das Lagern entstanden sind, und verstärkt seine fruchtigen Aromen.

Große Bordeaux präsentieren sich stilvoll in der Kristall-Karaffe.

Die richtige Servier-Temperatur

Die Einschanktemperatur eines roten Bordeaux beträgt 16 bis 18 Grad und sollte 20 Grad auf keinen Fall überschreiten. Junge rote Bordeaux kann man auch leicht gekühlt, also bei etwa 14 Grad, servieren. Dazu gibt man sie einfach kurz in einen großen Kübel mit kaltem Wasser: je größer das Gefäß, desto rascher sinkt die Temperatur.

Das gute Bordeaux-Glas

Das optimale Bordeaux-Glas ist nicht zu groß und tulpenförmig, der Kelch verengt sich leicht nach oben. Bauchige Gläser belüften den Wein zu sehr und sind daher für Weine aus Bordeaux weniger geeignet.

BEZUGSQUELLEN

Weinfach-und Weinversandgeschäfte mit gutem Bordeaux-Sortiment
(* überregionale Anbieter oder Versender):
52062 Aachen, Nagel & Hoffbaur,
Tel. 0241/34455, Fax 0241/28728
10711 Berlin, Les Bordeaux,
Tel. 0172/3110992
28015 Bremen, A. Segnitz & Co *,
Tel. 04203/81300, Fax 04203/813099
28060 Bremen John Eggers Sohn,
Tel. 0421/691530, Fax 0421/6915369
28195 Bremen, Eggers & Franke *,
Tel. 0421/30530, Fax 30 53110
28203 Bremen, Gute Weine,
Tel. 0421/705545
28217 Bremen, Bremer Weincontor *,
Tel. 0421/3961247
28217 Bremen, Ludwig von Kapff *,
Tel. 04 21/3994300, Fax 0421/3994301
28217 Bremen, Reidemeiers & Ullrichs,
Tel. 0421/39940
61118 Bad Vilbel, Jacques' Wein-Depot,
Tel. 06101/88454
76530 Baden-Baden, Heitler,
Tel. 07221/2084
76530 Baden-Baden, Schenk,*
Tel. 05241/95130
86807 Buchloe, Alpina *,
Tel. 08241/500547
40219 Düsseldorf, Jacques' Wein-Depot *,
Tel. 0211/390020, Fax 0211/3900255
44149 Dortmund, Mövenpick Weinland*,
Tel. 0231/965156
55270 Essenheim bei Mainz, Die Französische Weinbotschaft, Tel. 06131/999633
76275 Ettlingen, Cave Bordelaise,
Tel. 07243/31221
20539 Hamburg, Max Piehl,
Tel. 040/781313, Fax 040/782149
20539 Hamburg, Weinkellerei Max Burkhardt,
Tel. 040/7809340, Fax 040/785302
22769 Hamburg, Tophi Import,
Tel. 040/8531150

65239 Hochheim am Rhein, Frankhof Kellerei *,
Tel. 06146/903-0
89518 Heidenheim, Bühr Weine,
Tel. 07321/43691
50667 Köln, Fegers & Unterberg & Berts FUB *,
Tel. 0221/258-1530/1631, Fax 0221/96935925
77694 Kehl am Rhein, France Vinicole,
Tel. 07851/74010
23552 Lübeck, Testorpf,
Tel. 0451/76074, Fax 0451/70726
53340 Meckenheim, Schlumberger *,
Tel. 02225/9250, Fax 02225/925151
80331 München, Feinkost Dallmayr,
Tel. 089/21350, Fax 089/2135167
80333 München, Aquitaine-Vinotheque,
Tel. 089/284028-29
80538 München, Feinkost Käfer *,
Tel. 089/41681, Fax 089/6168675
88709 Meersburg, Georg Hack,
Haus der guten Weine, Tel. 07532/9097
73277 Owen, Mack & Schühle,
Tel. 07021/57010, Fax 07021/83243
52222 Stolberg, Champa Vins Français,
Tel. 02402/5511
25436 Tornesch, Hawesko Hanseatisches
Wein und Sekt-Kontor *, Tel. 04122/50400
79576 Weil a/Rhein, Schuler-Weine*
Tel. 0800/8844774

Lebensmittelhandel mit gutem Bordeaux-Angebot:
Globus, Dohle/Hit, Karstadt/Hertie, KaDeWe, Kaufhof Galeria, Wertkauf, Handelshof, Famila/citti, Real, Ratio Cash & Carry, AVA/Edeka mit Marktkauf und dixi.
Gut in Preis und Leistung unter 10,– DM:
Aldi, penny, hl und minimal.

Schweiz: Coop, Pick-Pay, vis-à-vis, Familia

Österreich: Merkur, Mein Gourmet, Wein&Co.

Weitere Bezugsquellen finden Sie im Internet unter der Adresse: www.vinoteca.falken.de

A D R E S S E N I N B O R D E A U X

Vorwahl Frankreich 0033

Tourismus Allgemein

33080 Bordeaux, Office du Tourisme
12, cours du XXX Juillet
Tel. 0556 00 66 00
Fax 0556 00 66 01

33000 Bordeaux,
Maison du Tourisme de la Gironde
21, cours de l'Intendance
Tel. 0556 52 61 40
Fax 0556 81 09 99

33330 Saint Emilion,
Office du Tourisme
15, rue du Clocher
Tel.: 0557 55 28 28
Fax: 0557 55 28 29

33250 Pauillac,
Maison du Tourisme et du Vin, La Verrerie
Tel. 0556 59 03 08
Fax 0556 59 23 38
Im Maison du vin ist auch Weinkauf zum
Châteaupreis möglich, doch die Auswahl
ist auch hier beschränkt.

W E I N F A C H H A N D E L I N B O R D E A U X

33000 Bordeaux, Badie,
62, allées de Tourny;
Tel. 0556 52 23 72

33000 Bordeaux, l'Intendant
2, allées de Tourny
Tel. 0556 48 01 29
Fax 0556 81 18 87

33000 Bordeaux,
Nicolas, 25, cours Portal
Tel. 0556 44 03 03

La Vinothèque de Bordeaux
8, cours du XXX Juillet
Tel. 0556 52 32 05
Fax 0556 51 23 46

33000 Bordeaux,
Bordeaux Magnum
3, rue Gobineau
Tel. 0556 48 00 06
Fax 0556 81 73 41

F Ü R W E I N I N F O R M A T I O N E N

33075 Bordeaux Cedex,
Maison du Vin
Comité Interprofessionnel
des Vins de Bordeaux
1, cours du XXX Juillet
Tel. 0556 00 22 66
Fax 0556 00 22 77

33750 Beychac et Caillau,
Maison des Bordeaux et Bordeaux Supérieur
RN 89; sortie Nr 5;
Tel. 0557 97 19 20,
Fax 0556 72 81 02
Grosse Auswahl an einfachen Bordeaux zum
Châteaupreis, Austellungen und alle möglichen
Informationen Informationen: sehr besuchens-
wert.

33330 Saint Emilion
Maison du Vin
place Pierre Meyrat
Tel. 0557 55 50 55
Fax 0557 24 65 57
Im Maison du vin ist auch Weinkauf zum
Châteaupreis möglich, doch die Auswahl
ist auch hier beschränkt.

33000 Bordeaux
Conseil des Vins du Médoc
1, cours du XXX Juillet
Tel. 0556 48 18 62
Fax 0556 79 11 05

Im FALKEN Verlag sind zahlreiche Titel zum Thema «Wein»
erschienen. Sie finden Sie überall dort, wo es Bücher gibt.

Sie finden uns im Internet:
www.falken.de und www.vinoteca.falken.de

Dieses Buch wurde auf chlorfrei gebleichtem und
säurefreiem Papier gedruckt.

Der Text dieses Buches entspricht den Regeln der neuen deutschen
Rechtschreibung.

ISBN 3 8068 7437 9

© 1999 by FALKEN Verlag, 65527 Niedernhausen/Ts.
Die Verwertung der Texte und Bilder, auch auszugsweise, ist ohne
Zustimmung des Verlags urheberrechtswidrig und strafbar. Dies gilt
auch für Vervielfältigungen, Übersetzungen, Mikroverfilmung und
für die Verarbeitung mit elektronischen Systemen.

Umschlaggestaltung: Peter Udo Pinzer
Gestaltung: Peter Jaray, Zürich
Konzept: Dr. Gerhard Kebbel
Redaktion: Barbara Fleig
Lektorat: Dr. Dietrich Voorgang, Heidenrod
Herstellung: Daniel Moosberger, Oensingen
Umschlagfoto: Fotografie Friedemann Rink / Susa Kleeberg, Naurod
Fotos und Illustrationen im Innenteil:
Vinum, das internationale Weinmagazin

Die Ratschläge in diesem Buch sind vom Autor und vom Verlag
sorgfältig erwogen und geprüft, dennoch kann eine Garantie nicht
übernommen werden. Eine Haftung des Autors bzw. des Verlags
und seiner Beauftragten für Personen-, Sach- und Vermögens-
schäden ist ausgeschlossen.

Litho und Satz: Offset-Satz AG, Zürich
Druck: Druckerei Uhl, Radolfzell

817 2635 4453 6271